KB196818

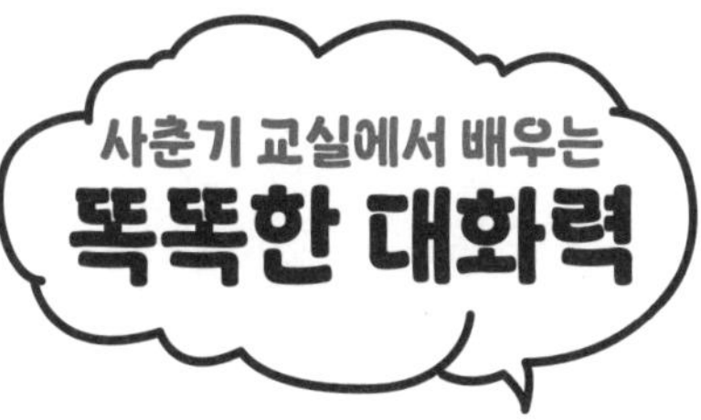
사춘기 교실에서 배우는
똑똑한 대화력

13SAI KARANO TAIWARYOKU
supervised by Jiro Tamura, illustrated by Yuki Kurita

Original Japanese edition published by Kumon Publishing Co., Ltd.
This Korean edition is published by arrangement with Kumon Publishing Co., Ltd., Tokyo in care of Tuttle-Mori Agency, Inc., Tokyo, through Imprima Korea Agency, Seoul

슬기로운
학교생활
사춘기 교실에서 배우는
똑똑한 대화력
다무라 지로 감수
권이강 옮김
생각
학교

프롤로그

나카무라 노도카 12 표

다나카 우타 5 표

자, 그럼 투표결과

우리 2학년 1반 2학기 학급회장은 노도카~!

짝

짝

짝

…

어째서~?!

나 회장 같은 거 못 한다구~!

글쎄 아니라니까.

나도 너한테 투표했거든~.

노도카는 다른 사람 일도 잘 도와주고

성실하잖아~.

그건… 거절을 못 해서 그런 건데….

노도카
아, 네!

다음 학급회의 때 반 연극 작품과 배역을 정해서 알려줄래?
반 연극…
가을 문화제 때 2학년들이 하는 공연 말이야.

우리 학교의 전통! 문화제 메인 이벤트! 학급회장이 총연출을 해야 되니까 잘해보자!
작년엔 대단했지.
반마다 엄청 열심히 준비해서!

…
설마 그래서 날 뽑은 거…?!
작년에 동아리 선배 보니까 엄~~~청 고생하더라….
소근
힘들겠지만 파이팅.

회장도
처음인데
갑자기 연극을
맡으라니….
하아…
어떡하지….
끼익

두—둥
오,
어서 와!

…?!
기다렸다
뮤~
아 허리
아파.

그런 게
아니고!
난
'커뮤니케이션
월드'에서 온
까뮤다뮤!
주,
주거
침입…?!

갑작스러운 부탁이지만 한동안 너네 집에서 신세 좀 지겠다뮤.
네…?!
아주 좋은 질문이다뮤.
그, 근데 무슨 일로?

그게 말이 돼…?!
아무래도 여기서 다시 태어난 듯!
아침에 계단에서 삐끗해 머리를 부딪쳤는데 어느새 여기에….
사실 난 이 세계 존재가 아니다뮤.

왔니?
아, 가족들은 이미 허락 했다뮤!
뭐어어 …?!

당연히 안 되지!
수상한 건 둘째치고 가족들한테 뭐라고 말해!
왜? 왜 안 되냐 뮤?
우우우웅

안 돼!
아무튼 당분간 만…
단호

하아… 가뜩이나 정신없는데 이런 일까지….
반 연극 때문에 뮤?

어떻게 알았어?
후후후 까뮤 님은 다 안다뮤.

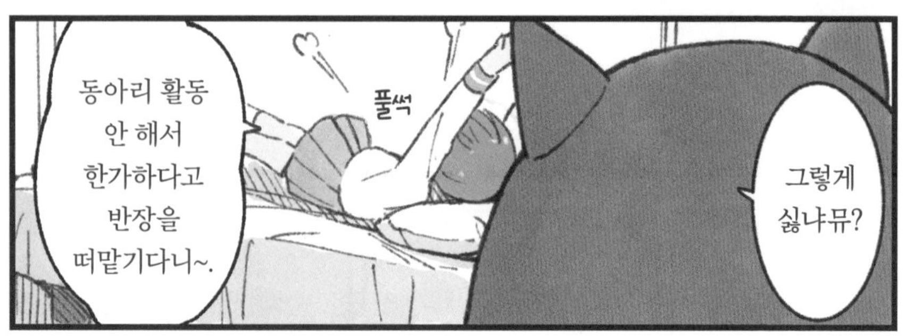
동아리 활동 안 해서 한가하다고 반장을 떠맡기다니~.
풀썩
그렇게 싫냐뮤?

그게, 갑자기 반을 이끌라고 하면 어떻게 해야 할지 모르겠는걸!
다툼이라도 생기면 귀찮고….

사람이 많으면 의견 충돌이 생기는 게 당연하다뮤.

내가 있던
세계에서도
별일이 다
있었다뮤.
하지만
절대 폭력이나
권력에 기대지
않았어.
대화로
문제를
해결하는 게
커뮤니케이션
월드의
법이다뮤.
대화…
그걸로
잘될까?
좋아!
잠시 신세 지는
보답으로 네게
까뮤의 대화법을
알려주겠다뮤!
이렇게
나와 까뮤의
이상한
한집살이가
시작됐다.
뭐어어…?

CONTENTS

차례

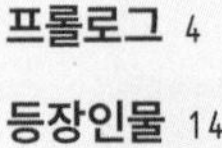

프롤로그 4

등장인물 14

제1장

'대화한다'는 건 뭘까?

넌 어떻게 할래?

대화 없는 회의 30

대화법의 첫걸음①

상대는 당신과 똑같은 사람 32

제2장

사람 수만큼 의견이 있다

넌 어떻게 할래?

오렌지를 두고 다투는 자매 48

대화법의 첫걸음②

제대로 된 대화를 하려면 50

제3장
거절당하면 어떡하지?

넌 어떻게 할래?

차를 비싸게 팔려면? 66

대화법의 첫걸음③

오즈번의 체크리스트 68

제4장
학급에서 갈등이 생기면?

넌 어떻게 할래?

정치가의 선택 84

대화법의 첫걸음④

브레인스토밍으로 아이디어 내기 86

제5장
다시 주전 선수가 될 거야!

넌 어떻게 할래?
뛰어난 외과의사 102

대화법의 첫걸음⑤
줌인·줌아웃 104

제6장
원하는 걸 얻기 위해선?

넌 어떻게 할래?
목표! 연봉 1억 원 인상 120

대화법의 첫걸음⑥
앵커링 효과 주의 122

제7장
꿈을 이루기 위해서

넌 어떻게 할래?
자존심 강한 장인 138

대화법의 첫걸음⑦
긍정적 사고와 비판적 사고 140

제8장
부당교칙을 폐지하라

넌 어떻게 할래?
두 명의 스님 156

대화법의 첫걸음⑧
악마의 변호인과 예스맨 158

제9장
리더란 무엇인가

넌 어떻게 할래?
리더가 될 사람은? 174

에필로그 176

감수자의 말 182

MAIN CHARACTERS

등장인물

중학교 2학년. 성격이 좋고 남의 부탁을 잘 거절하지 못한다. 동아리 활동을 안 한다는 이유로 학급 회장으로 뽑혀 문화제 연극을 지휘하게 된다.

어느 날 갑자기 노도카 집에 나타난 수수께끼 존재. '커뮤니케이션 월드'에서 왔다고 한다. 노도카의 고민을 해결해 주겠다고 하는데…?

노도카의 반 친구. 축구부 주전 선수. 스포츠를 잘하는 노력파로 인기가 많다. 방과 후 축구부 활동과 학원 등으로 바쁘게 지내는 중이다.

노도카의 반 친구. 미술부. 소타와 어릴 때부터 절친. 엄마가 작은 병원을 운영하고 있다. 만화가가 꿈이고 SNS에 작품을 올리는 게 취미다.

노도카의 반 친구. 전교학생회장. 밝고 시원시원한 성격으로 여자아이들한테 인기가 많다. 고지식한 부모님이 핸드폰을 안 사주는 게 불만이다.

제1장

'대화한다'는 건 뭘까?

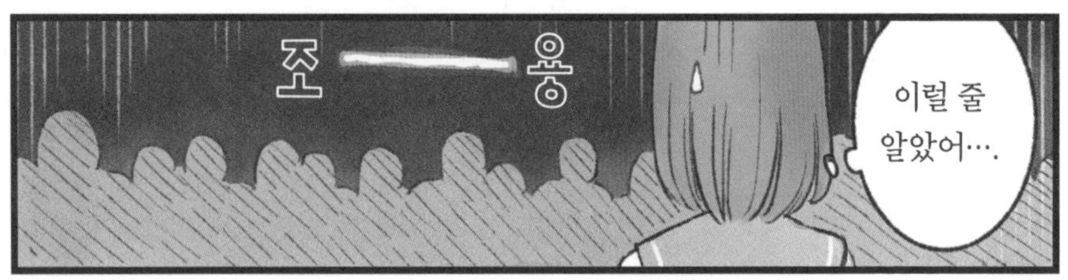

* 일본 전래동화. 주인공 모모타로가 동물 친구들과 함께 도깨비를 퇴치하는 이야기

현대판
모모타로는
어때?
시끌
아
다른 반이랑
겹칠걸!
오리지널 각본이
더 좋지 않아?
시끌
그걸
누가
쓸 건데?
시끌
저기
어우,
좀 진지하게
생각해!
시끌

지쳤다
….
어서 와~
학교는
어땠냐뮤?
다들 자기
할 말만 해서
아무것도
진행이 안 돼….

작품
정하는 데
며칠이나
걸릴지….
우엥
흐음

아마 너흰
'대화하는
방법'을
모르는 것
같다뮤.
?

'대화'와 '말하기'는 뭐가 다를까?

노도카 우리가 '대화하는 방법'을 모른다니, 무슨 뜻이야?

까뮤 여러 사람이 뭔가를 결정할 땐 서로 의견교환을 해야 한다뮤.

노도카 당연하지. 그래서 연극 작품이랑 배역을 정하려고 회의를 하는 건데… 다들 각자 떠들기만 하고 진행이 안 돼.

까뮤 그건 너희 이야기가 '말하기'인지 '대화'인지 구별을 안 해서 그래.

노도카 '말하기'인지 '대화'인지?

까뮤 그 둘의 차이점을 알겠냐뮤?

노도카 으음, 둘 다 비슷한 의미 같은데. 어쨌든 여러 사람이 이야기를 하는 거잖아?

까뮤 예를 들어 저녁을 먹으면서 오늘 있었던 일을 가족들에게 얘기하는 건 말하기일까? 대화일까?

노도카 　그건 말하기지.

까뮤 　그럼 국제회의에서 전쟁을 막기 위해 국가 지도자들끼리 얘기하는 건 뭘까?

노도카 　글쎄… 그건 대화 같은데.

까뮤 　그 차이가 뭐 같아뮤?

노도카 　가족하고는 그냥 얘기하고 싶어서 하는 '수다'잖아. 국제회의는 무언가를 결정하기 위해 얘기하는 거고. 가족이나 친구들과 수다 떠는 거랑은 다르지.

까뮤 　잘 아네. 말하기는 분위기를 좋게 한다든가 누군가와 친해지기 위해 하는 거다뮤. 하지만 대화는 어떤 문제를 해결하기 위해, 다른 생각과 의견을 조율하기 위해 하는 거다뮤. 학급회의에선 '문화제 연극 작품 정하기'라는 문제를 해결하기 위한

'대화'를 해야 된다뮤.

노도카 다들 '말하기'만 해서 회의 진행이 안 되는 거였구나. 그렇다고 갑자기 '지금은 대화시간이야!'라고 해도 황당해할걸~. 어쩌면 좋지?

까뮤 바로 그걸 네가 천천히 생각해 봐야 하지만, 처음이니까 좀 도와주겠다뮤. 뒤적뒤적… 자! '토킹볼'!

노도카 토킹볼? 이게 뭐야?

까뮤 우리 커뮤니케이션 월드의 아이템인데 대화하는 분위기를 만들어주는 공이다뮤.

노도카 뭔가 대단해 보여! 무슨 문제든 그 공이 바로 해결해 주는 거야?

까뮤 무슨 소리냐뮤. 토킹볼 사용법은 그걸 들고 있는 사람만 발언하고 다른 사람은 조용히 듣는 거다

	말하기	대화
목적	상대와 가까워지기 위해 친밀한 분위기를 만든다.	문제를 해결한다.
특징	상황의 분위기를 우선하고 갈등을 피한다.	서로 다른 의견을 존중하며 솔직히 말한다.

뮤. 발언이 끝나면 다음 사람에게 토킹볼을 넘기는 식으로 반복하면서 모두에게 발언 기회를 주는 거다뮤.

노도카 그렇구나. 그럼 맘대로 떠들지 않겠네.

까뮤 발언자는 방해받지 않고 의견을 말할 수 있고, 다른 사람은 발언자 의견에 집중할 수 있게 하는 거다뮤.

노도카 말 많은 애들만 발언하지 않게 모두 공평한 기회를 주는 점이 좋네.

까뮤 같은 사람한테 계속 공이 가지 않게끔 미리 돌리는 순서를 정하는 게 좋아.

노도카 토킹볼이 있으면 잘할 수 있을 것 같아!

까뮤 쯧쯧, 그것만 있다고 되는 게 아냐. 너한텐 중요한 임무가 하나 더 있다뮤.

노도카　뭔데?

까뮤　모두가 솔직한 의견을 말할 수 있도록 도와주는 거다뮤. 대부분의 사람들은 남과 다른 의견을 내고 싶어 하지 않거든.

노도카　그건 그래. 혼자 다른 의견을 내는 건 부담스러우니까…. 하지만 그게 꼭 나쁜가? 그만큼 일이 빨리 마무리되잖아.

까뮤　모두가 남의 눈치를 보고 진짜 하고 싶은 얘길 못하는 건 그저 분위기를 편안하게 유지하기 위한 '말하기'일 뿐이다뮤.

노도카　아~ 단순한 말하기가 돼버리면 문제해결을 위한 '대화'가 안 된다는 거구나.

까뮤　그렇다뮤. 아까도 말했지만 중요한 거니까 다시 한번 말해주겠다뮤. 대화란 어떤 문제를 해결하

'대화'와 '말하기'는 뭐가 다를까?

기 위해 서로 다른 생각과 의견을 가진 사람들이 소통하는 거다뮤.

노도카 서로 다른 생각과 의견… 그렇구나. 처음부터 생각과 의견이 같은 사람들만 있으면 대화할 필요가 없겠네.

까뮤 각자의 생각이 다른 건 당연해. 서로의 의견 차이를 확인하고, 그걸 조율해서 모두가 납득할 수 있는 결론이 나오게 노력하는 것, 그게 바로 '대화하는 방법'이다뮤.

노도카 남들과 다른 생각을 하면서 눈치만 보느라 할 말을 못 하면 안 된다는 거네.

까뮤 그렇다뮤. 다양한 생각을 가진 사람들이 다양한 의견을 주고받으면 더 좋은 결론을 낼 수 있어. 그러기 위해선 의견 대립하는 걸 겁내면 안 된다뮤.

노도카 　알았어. 공 돌리기 전에 모두에게 그 점을 먼저 확실히 얘기할게. 근데 꼭 공일 필요는 없겠는데?

까뮤 　맞아. 릴레이 바통, 배드민턴 라켓, 심지어 호박도 괜찮다뮤.

노도카 　그냥 토킹볼로 할게. 고마워 까뮤!

두 번째 학급회의
뭐야?
웅성
웬 공?
오늘 회의에선 이걸 써보겠습니다.
지금부터 이 공을 받는 순서대로 발언해 주세요.
어떤 의견도 괜찮으니 마음껏 편하게!
그럼 사토부터!
어? 어어…
신기하게도 공을 쓰자 모두 남의 의견을 잘 들었고
여러 의견을 통해 자연스레 생각이 정리되어 결론을 낼 수 있었다.

그럼
모두의
의견에
따라
공연 작품은
'로미오와
줄리엣'!
금색야차 下
로미오와 줄리엣 正正
짝짝짝
와아
배역
지원자나
추천할
사람
있나요?
와아
와아

로미오 역에
소타!
찬성~!
뭐?
나…?
잘
어울려~
아니,
난…
나도
찬성!

짝짝짝
짝짝
짝짝
…할 수
없지.
해볼게
그럼.
배역이
정해졌다는
안도감에
깨닫지 못했다.
진짜 큰일은
이제부터라는
걸….

Nego=chan's Point

까뮤's 포인트

자기 의견을 확실히 말하고, 상대 의견을 충분히 듣자

'로미오와 줄리엣'이라니, 아주 멋진 작품을 골랐다뮤. 로미오와 줄리엣은 서로 사랑하는 사이였지만 두 집안은 옛날부터 사이가 나빠 싸움이 끊이질 않았지. 그래서 결국 두 사람은…. 만약 두 집안이 제대로 대화를 했다면 둘은 행복하게 살았을지도 모른다뮤.

그건 그렇고 노도카 얘길 들어보니, 연극 작품을 결국 투표로 정한 반도 있다고 하던데. 공평하다는 점에선 나쁘지 않지만 활발하게 의견을 주고

Nego=chan's Point

네고뮤's 포인트

받으며 결정한 노도카 반 친구들이 훨씬 만족감이 클 거다뮤.

자신의 진짜 생각과 의견을 다른 사람에게 제대로 전달하는 것. 그리고 자신도 다른 사람의 생각과 의견에 충분히 귀 기울이는 것. 대화할 땐 무엇보다 이 두 가지를 명심하라뮤. 그렇게 한다면 모두가 만족할 수 있는 결론에 가까워질 수 있을 거다뮤.

넌 어떻게 할래?

THEME

대화 없는 회의

멋대로식품회사에서 신제품 기획 회의가 열리고 있다.

"요새 타피오카가 유행이라던데 우리 회사도 타피오카 상품을 개발하지."

사장이 이렇게 말하자 다른 참석자들도 슬금슬금 의견을 내놓았다.

"역시 사장님! 훌륭한 생각이십니다!"

"베테랑 실무진이 찬성하면 저도 따르겠습니다."

"반대의견 없습니까? …없는 것 같군요. 그럼 다음 의제로…."

자, 이 회의는 '말하기'일까 '대화'일까?

생각해 볼 점

얼핏 보기엔 모두가 한마디씩 하고 있으니 '대화'로 보일 수 있지만, 이 회의에서 성공적인 상품개발을 하는 건 어려워 보입니다. 참석자 모두 사장에게 싫은 소릴 못 해서 자신의 진짜 생각과 의견을 숨기고 있으니까요. 즉 이 회의는 그저 '말하기'일 뿐입니다. 대화가 없는 회의에서 '신제품을 개발한다'라는 문제를 해결하는 건 어렵습니다.

당신이 신입사원으로 이 회의에 참석했다면 어떻게 할 건가요? '타피오카 유행은 벌써 지났습니다'라고, 사장에게 말할 수 있을까요?

대화법의 첫걸음 1

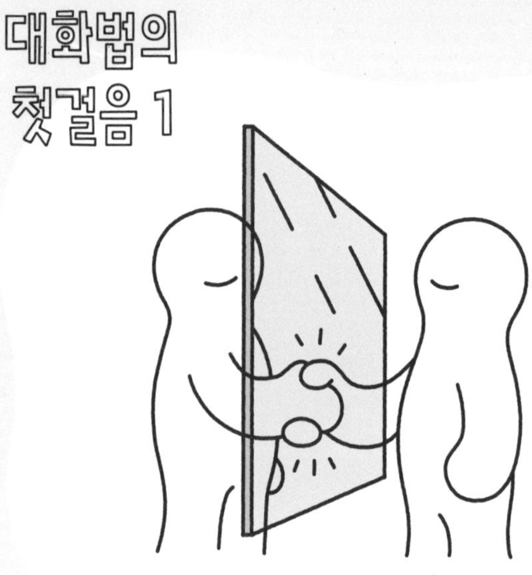

상대는 당신과 똑같은 사람

마주한 상대와 '말하기'를 하든 '대화'를 하든, 일부러 상대를 상처 입히거나 화나게 하거나 슬프게 해선 안 됩니다. 어쩌다 보니 흥분해서, 자신도 모르게 친구나 가족의 마음을 아프게 한 경험이 누구나 있을 겁니다. 특히 다른 생각과 의견을 가진 사람과 얘기할 때는 감정적으로 되기 쉽지요. 상대에게 자신의 생각을 전해도 이해받지 못할 때가 많고요. 그래서 점점 짜증이 나고 '왜 내 말을 못 알아들어!'하고 성질을 부리게 됩니다. 서로가 그렇게 나오면 결국 싸움이 돼버리죠.

인터넷과 스마트폰 덕분에 세계 어느 곳의 사람과도 메시지를 주고받는 시대가 됐습니다. 굉장히 편리하지만, 뜻밖의 문제도 생겼어요. 문자로만 소통할 때는, 상대의 목소리 상태나 표정을 알 수 없어 생각과 감정을 전하기 어렵고 심지어 오해할 위험까지 있다는 겁니다. 게다가 인터넷에서 익명으로 글을 쓰다 보면 얼굴을 보고는 못 할 말을 쉽게 내뱉게 됩니다.

별생각 없이 쓴 나쁜 말이라도 받아들이는 쪽에선 큰 상처가 됩니다. 최악의 경우엔 누군가의 목숨을 뺏을 수 있다는 걸 명심하세요. 상대는 당신과 똑같은 사람입니다. 현실에서든 인터넷상에서든 누군가와 얘기할 땐 무엇보다 그 점을 잊지 마세요.

제2장

사람 수만큼 의견이 있다

소타!
!

저기, 연습 좀 나와줘. 로미오 없인 진행이 안 돼서….
미안, 당분간 안 돼.

일단 나 빼고 하고 있어.
빠직

…여태 그랬거든.
너무 무책임한 거 아냐? 너 때문에 연습이 안 되잖아!

…뭐?

난 뭐 빠지고 싶어서 빠지는 줄 알아?
네가 뭔데 잔소리야!

뭐야 저 녀석!

CHAPTER 2 COMMENTARY

상대의 '입장'과 '속내'를 생각하자

노도카의 방

노도카 으허어엉! 진짜 못 해 먹겠어~!

까뮤 어서 와. 연극 연습은 잘돼 가냐뮤?

노도카 전혀! 주인공이 완전 제멋대로라… 이러쿵저러쿵….

까뮤 흐음. 참 큰일이네.

노도카 내 얘긴 아예 무시하는데, 그냥 선생님한테 일러버릴까.

까뮤 그건 좋은 방법이 아니다뮤. 선생님이 혼내봤자 소타가 바쁜 건 그대로고, 괜히 기분만 상할 거다뮤.

노도카 으아~, 그럼 어쩌라고? 나도 나름 큰맘 먹고 한마디 한 건데….

까뮤 어떤 식으로 말했는데?

노도카 "너무 무책임하고 너 때문에 연습이 안 돼"라고.

까뮤 완전 역효과야. 자기가 잘못한 걸 알아도, 갑자기 남이 지적하면 화가 나는 법이다뮤.

노도카 동아리 활동을 개만 하는 것도 아니고, 매일 전체 스케줄 조정하는 내 입장이 돼보라고. 한다고 했으면서 매번 연습에 빠지는 건 무책임한 거 맞잖아!

까뮤 진정하라뮤. 네 마음도 충분히 이해하지만, 화난다고 문제의 본질을 흐리면 안 된다뮤.

노도카 문제의 본질?

까뮤 지금 너랑 소타의 문제가 뭐라고 생각해?

노도카 어? … '소타가 연극 연습을 빠진다'는 거?

까뮤 소타가 연습에 빠지는 건 지금의 '상황'이다뮤. 소타가 연습을 빠져서 어떤 문제가 생겼지?

노도카 음, 연극 연습이 제대로 안 되고 있지.

까뮤 맞아. 지금 문제는 '연습이 제대로 안 된다'는 거지, 소타 자체가 문제는 아니다뮤. 이런 식으로 우선 '사람'과 '문제'를 나눠서 생각해야 된다뮤.

노도카 뭐? 걔가 안 오니까 연습이 안 되는 거잖아. 그게 왜 소타 문제가 아니야?

까뮤 '사람'이 문제라고 생각해 버리면 '일이 꼬이는 건 그 녀석 탓이야!'하고 화가 나겠지? 그런 기분으로 얘길 하면 서로를 비난하게만 되고, 정작 중요한 문제는 아무것도 해결 못 한다뮤.

노도카 ….

까뮤 자신과 대립하는 사람이 싫은 건 당연해. 하지만 대화로 풀어가려고 할 때, 감정적으로 나오면 결국 안 좋은 결과가 나온다뮤.

노도카 하긴, 우리 둘 다 함부로 말하긴 했어.

까뮤 '어떻게 해야 소타를 연습에 나오게 할까?'라는 생각을 조금 바꿔보면 어떨까뮤?

노도카 생각을 바꾼다고?

까뮤 '소타를 연습에 참가시키는 것'만이 해결책이 아니란 거지. 사람은 문제가 생기면 '결론은 둘 중 하나'라고만 생각한다뮤. '흑인지 백인지', '선인지 악인지', '연습에 올 건지 말 건지'하는 식으로. 하지만 해결 방법은 생각하기에 따라 얼마든지 있을 수 있다뮤.

노도카 말은 쉽지만… 딱 떠오르는 게 없는걸.

까뮤 뭐 엄청난 게 필요한 건 아니다뮤. 대화에서 중요한 건, 상대의 '입장'과 '속내'를 생각하는 거니까.

CHAPTER 2 COMMENTARY

상대의 '입장'과 '속내'를 생각하자

각자의 이유	노도카	소타
입장	소타가 연습에 나오면 좋겠다.	자신을 빼고 연습을 하면 좋겠다.
속내	다 같이 연극 연습을 하고 싶다.	연극 연습보다 중요한 일이 있다.

노도카 '입장'과 '속내'?

까뮤 주장하는 요구가 '입장', 그 입장일 수밖에 없는 이유가 '속내'. 이 '속내'를 서로 이해했을 때 둘의 문제를 제대로 해결할 수 있다뮤.

노도카 글쎄, 둘 다 만족할 수 있는 해결책이 있을까. 소타가 축구부 활동만 줄이면 되는 거잖아.

까뮤 '그냥 소타가 내 말대로 해줬으면'하는 마음은 알겠다뮤~. 하지만 그러면 소타의 속내가 해결되지 않는다뮤. 지금은 '내가 상대를 위해 뭘 할 수 있나'를 생각해야 해.

노도카 뭐? 걔가 먼저 잘못한 건데 내가 뭘 해줘?!

까뮤 또 감정적으로 나온다. 화내는 건 나중에 하라뮤. 상대를 위해 뭘 할 수 있는지 생각해야 해결책이 나온다니까.

CHAPTER 2 COMMENTARY

상대의 '입장'과 '속내'를 생각하자

노도카　하지만 내가 소타랑 많이 친한 것도 아니고….

까뮤　그럼 먼저 소타에 대해 알아보자뮤. 걔가 주연을 하고 싶어한 건 맞아?

노도카　추천으로 뽑힌 거긴 한데, 자기도 하겠다고 했어.

까뮤　사실은 하기 싫었는데, 분위기에 떠밀려서 맡은 건 아닐까?

노도카　으음… 뭐, 거절하기 힘든 분위기긴 했지.

까뮤　그럼 소타 입장에선 별로 내키지도 않는 연극보단 축구부 일이 더 중요하겠지.

노도카　….

까뮤　아직 정보가 부족하다뮤. 소타의 진심은 본인만이 알 수 있어. 가장 확실한 건 당사자의 말을 들어보는 거다뮤.

노도카　…알았어. 내일 다시 소타랑 얘기해 볼게.

까뮤 좋았어. 나도 응원할게뮤!

소타!

어제 화내서 미안해. 잠깐 얘기 좀 할래?
어…

아… 응.

무슨 일이 있는 건지… 자세히 얘기 좀 해줄래?
…응.
소타, 축구부 일이 많이 바빠?

쉴 틈이 없겠구나.
응.
…공부도 소홀하면 안 돼서 학원도 가야 되고.
곧 시합이 있어서 그래.

연습
빠지는 건
미안해.
근데
정말로
내가 주연이
될 줄은
몰랐어.
얼결에
한다고는
했지만…
소타를 위해
할 수
있는 일…

그럼
그만둘래?
로미오 역.
뭐?
대역을
찾아볼게!
로미오 역은
할 사람이
있을 거야.

그래
주면
고맙지.
나도
도울게.

좀 더
빨리
털어놓을걸.
…고마워.

고맙긴!

SUMMARY

까뮤's 포인트

Nego=chan's Point

'상대를 위해 할 수 있는 일'을 생각하자

노도카가 멋진 해결책을 찾은 것 같다뮤. 소타의 이야기를 제대로 듣고, 자신이 할 수 있는 일을 생각했어. 그리고 '소타가 주연을 한다'라는 전제 자체를 뒤집어서 '대역을 찾는다'라는 새로운 해결책을 내놓은 거지. 정말 잘했다뮤.

자신과 대립하는 사람하고 논의해서 뭔가를 결정할 때, 사람들은 흔히 '상대가 내 말을 듣게 한다' 아니면 '내가 참고 상대의 말을 듣는다'가 결론이라고 생각하기 쉬워. 하지만 대화는 싸움이 아니다뮤.

SUMMARY

Nego=chan's Point

까뮤's 포인트

상대는 적이 아니라 함께 문제를 해결하는 동료라고.

'○○해줘야만 해!'하고 자기 입장만 주장하면 상대의 마음은 멀어질 뿐이다뮤. 우선 상대가 원하는 게 뭔지 잘 들어봐야 해. 그리고 '상대를 위해 난 무엇을 할 수 있는지' 생각해 보길 바라. 그러면 둘 다 만족할 수 있는 해결책을 찾게 될 거다뮤.

넌 어떻게 할래?

THEME

오렌지를 두고 다투는 자매

자매가 오렌지 한 개를 서로 가지려고 다투고 있다. 부모가 '반씩 나눠 가져라'하고 타일러도 '무조건 내가 전부 가질 거야!'하면서 둘 다 양보하지 않았다. 하지만 몇 분 후, 두 사람은 아주 만족스럽게 오렌지를 나눠 가지게 됐다. 도대체 어떻게 한 걸까?

생각해 볼 점

책을 덮고 잠시 생각해 볼까요. 두 사람 다 '전부' 가지겠다고 했으니 오렌지를 반으로 나누는 것으로는 문제 해결이 되지 않습니다. 또 '이번엔 언니가 갖고, 다음엔 동생이 갖자' 하는 것도 다른 한 사람의 요구만 충족시킬 뿐 '두 사람 다 만족하는' 해결책이 아닙니다.

그런데 알고 보니 언니는 오렌지 과육을 먹고 싶었고, 동생은 오렌지 껍질로 마멀레이드를 만들고 싶었던 것입니다. 얼핏 보면 두 사람의 주장이 완전히 대립된 것처럼 보이지만, 원하는 게 뭔지 잘 들어보면 쉽게 해결할 수 있는 문제입니다. 대화할 때 '상대의 말을 제대로 듣기'가 얼마나 중요한지 알겠죠.

대화법의 첫걸음 2

제대로 된 대화를 하려면

누군가와 대화를 통해 뭔가를 해결해야 되는 경우, 상대의 기분이 항상 좋을 거라 기대할 순 없습니다. 상대가 흥분해서 차분히 얘기할 수 없는 상황이라면 어떻게 해야 할까요?

대화 상대의 태도가 나쁘거나, 일방적으로 억지를 부리면 누구나 마음이 힘들고 화가 나기 마련입니다. 하지만 강한 어투로 맞받아치거나 똑같이 나쁜 태도를 보이는 건 오히려 역효과를 불

러옵니다. 그렇다고 너무 받아주기만 해도 제대로 된 대화를 할 수 없겠죠.

만약 이런 상황이 생긴다면 상대의 언행에 감정적으로 반응하지 말고, '왜 그렇게 생각해?' '네 생각을 더 자세히 말해줄래?' 하고 정중하게 물어보세요.

상대가 무엇을 말하려고 하는지, 왜 그렇게 생각하는지 냉정하게 파악하고 받아들이는 게 대화를 이끌어내는 첫걸음입니다. 자신의 의견이 존중받는다고 느끼면 상대도 점점 '공격적으로 말하지 않아도 괜찮구나'라는 걸 깨닫게 됩니다.

이때, 상대의 의견을 받아들이는 것과 동의하는 건 전혀 다른 것임을 기억하세요.

상대의 의견을 존중하면서도 자신의 생각이나 권리를 분명히 주장할 수 있는 커뮤니케이션 기술을 '어서티브니스*'라고 합니다.

시간이 걸려도 정중하고 끈기 있게 상대의 말을 들어주면 아무리 까다로운 사람도 당신과의 대화에 응하게 될 겁니다.

* Assertiveness, 자기표현

제3장
거절당하면 어떡하지?
소타, 대역 추천할 사람이 정말 있어?
어, 그 녀석은 꼭 해줄 거야.
드르륵
야! 하루토!
어? 소타!
축구 연습 끝났어?
어?
척
부탁해! 나 대신 로미오 좀 해줘!
크왕
어… 뭐어…?

네가
못 하게
됐구나.
부탁이야!
나 좀
살려줘!
으음…

미안,
난 못 해.

왜….

난 무대
공포증이
있어서
사람들
앞에서
연기하기가
좀….

연습하면
괜찮을
거야!
맞아!
넌 뭐든 하면
잘하잖아!
으으
으음…

역시
안 되겠다!
미안, 난 세트
준비하러
가볼게.

…

곤란하게
됐네뮤.
파삭
으아!!

CHAPTER 3 COMMENTARY

협상 전에 먼저 '준비'하자

소타 흐아, 뭐야 이건?

까뮤 난 까뮤라고 한다뮤. 너희한테 멋진 어드바이스를 해주려고 왔지!

노도카 사실은 이러저러해서… 까뮤는 우리에게 좋은 대화법을 알려주려고 왔대.

소타 흐음. 그럼 대역 문제도 해결할 수 있어?

까뮤 역시 축구부 스타답게 이해가 빠르다뮤. 하지만 문제를 해결하는 건 어디까지나 너희 몫이야.

노도카 와준 건 고맙지만 이미 늦었어. 로미오 대역을 하루토한테 부탁했는데 바로 거절당했거든.

까뮤 후후훗, 나도 다 봤다뮤. 하루토에게 왜 거절당했는지 알겠냐뮤?

소타 무대공포증이 있대. 원래 그 녀석이 좀 내성적이긴 한데 마음만 먹으면 뭐든 다 잘하거든. 그래서 부탁해 본 건데.

까뮤 그렇게 하루토에 대해 잘 알면서도 거절당했다는 건, 너희의 준비가 부족했던 거다뮤.

소타 준비? 대역을 부탁하는 데 무슨 준비가 필요해?

까뮤 축구도 시합 전에 상대팀을 분석하잖아? 이번처럼 남에게 뭔가를 부탁할 땐 당연히 준비가 필요하다뮤.

노도카 어떤 준비가 필요하지?

까뮤 부탁하기 전에 '상황, 목표, 대안' 이 세 가지를 정리하라뮤. 자, 노도카. 지금은 어떤 '상황'이었지?

노도카 음…, '소타의 대역을 찾고 있다'.

까뮤 그걸 위한 '목표'는?

노도카 '하루토에게 대역을 맡기는 것'.

까뮤 그럼 소타, 그 목표가 실패했을 때 '대안'은?

CHAPTER 3 COMMENTARY

협상 전에 먼저 '준비'하자

소타　어? 으음… 모르겠는데. 거절할 줄은 몰랐거든.

까뮤　거절당했을 때 뒷일을 생각하지 않은 게 너희의 문제였다뮤.

노도카　그렇구나. '목표를 달성하지 못하면 어떻게 할 것인가'의 준비를 제대로 했어야 하네.

까뮤　그렇다뮤. 흔히 말하는 '플랜B'지.

소타　그런 것까지 어떻게 생각하냐고.

노도카　저기, 하루토를 위해 할 수 있는 일을 생각해 봐.

소타　걔를 위해?

노도카　그래. 대역을 해줬으면 하는 건 우리 사정이잖아. 그거 말고 하루토를 위해 우리가 해줄 수 있는 일을 제안하면 오케이 할지도 몰라.

까뮤　오오, 노도카가 대화의 요령을 조금씩 알아가는 것 같다뮤.

소타 걔 대신에 내가… 무대장치 일을 맡으면 어떨까? 그 정도면 나도 시간을 쪼개서 할 수 있을 것 같은데.

노도카 좋은 생각이다! 어때, 까뮤?

까뮤 뭐, 나쁘진 않네. 그런 식으로 내 쪽의 제안을 상대가 거절했을 때를 위한 대안을 '배트나(BATNA)'라고 한다뮤.

소타 배트맨?

까뮤 배트맨이 아니라 배트나. 영어로 'Best Alternative to Negotiated Agreement' (협상 합의를 위한 최적의 대안)의 머리글자를 딴 말이다뮤. 소타의 배트나는 '하루토 일을 대신 한다'고, 노도카의 배트나는 뭐야?

노도카 나의 배트나?

CHAPTER 3 COMMENTARY

협상 전에 먼저 '준비'하자

까뮤 　소타와 하루토만의 문제라고 생각하나 본데, 따지고 보면 반 전체의 문제다뮤.

노도카 　그건 그래. 으음… 그럼 내 배트나는… '다른 사람한테 대역을 부탁한다'야. 솔직히 난 연극 연습만 제대로 할 수 있으면 대역을 누가 하든 크게 상관없거든.

까뮤 　좋아. 그럼 마지막으로 하루토의 배트나도 생각해 보라뮤.

소타 　뭐? 하루토의 배트나?

까뮤 　하루토 입장이 돼서 '이 정도면 받아들일 수 있어'라고 할 만한 걸 생각해 두는 거야. 그럼 너희가 어떤 제안을 해야 셋 다에게 좋은 결론을 낼 수 있을지 감이 잡힐 거다뮤.

소타 　으음… '무대공포증이 있어서 많은 사람들 앞에

서 연기하는 건 힘들다'고 거절했지? 그럼 대사가 없는 역이면 괜찮지 않으려나?

노도카 대사 없는 배역도 있어. 앙상블이라고 여러 장면에 나와 군중을 연기하는 팀이 있거든.

까뮤 하루토의 생각은 아직 모르지만, 이런 식으로 그 사람의 성격이나 발언에서 상대의 배트나를 상상해 보는 것도 대화의 준비 중 하나다뮤.

소타 남의 생각을 상상해 보라니 너무 어려운데.

노도카 알겠다! 상대의 배트나를 알기 위해서도 그쪽 말을 들어주는 게 중요한 거구나.

까뮤 그렇지. 대화는 한 번에 끝나는 게임이 아니다뮤. 얘기가 잘 풀리지 않아도 상대가 말한 정보를 바탕으로 배트나를 바꾸거나 접근법을 다르게 하는 식으로 몇 번이고 도전할 수 있어.

협상 전에 먼저 '준비'하자

소타 하루토에게 대역을 맡긴다는 생각만 했는데, 다른 사람한테 그걸 맡기고 하루토가 그 친구 배역을 대신 해도 되는 거네.

까뮤 그렇지. 원래 목적은 '연극 연습을 진행한다'였고 하루토에게 대역을 맡기는 건 하나의 수단이었을 뿐이다뮤.

소타 그럼, 우리끼리 이럴 게 아니라….

노도카 다 같이 얘기해 보자!

▶ NEGOTIATION LESSON

	하루토
상황	소타에게 주인공 대역을 부탁받았다.
목표	무대공포증이라 대사 있는 배역은 하고 싶지 않다.
대안(배트나)	대사가 없는 배역이면 가능할지도?

이런 이유로
로미오 역을
다시 뽑았으면
합니다.
저기
여자가
해도
괜찮을까?
아오이!
학생회
일 때문에
앙상블을
했는데
이왕이면
기억에 남는
역할을
해보고 싶어!
고마워!
잘 부탁해!
그럼
앙상블
결원은
어쩌지?

…하루토
앙상블을 해줄래?
그건 대사가 없으니까 너도 할 수 있을 거야.
꾸벅
부탁해! 무대장치는 내가 맡아줄게!
…할 수 없지.
나 대신 잘해야 해.
그래, 걱정 마!

SUMMARY

까뮤's 포인트

Nego=chan's Point

한 가지 조건이나 수단에 얽매이지 말자

대역이 정해져서 다행이다뮤. 애초에 노도카와 소타가, 하루토가 대역을 해줄 거라고 너무 기대했던 것 같아. 그러니 하루토가 거절했을 때 충격이 컸던 거지. 절대 그럴 필요 없다뮤. 축구로 예를 들면 한 번의 슈팅을 골키퍼가 막은 것뿐이다뮤. 골을 넣을 기회는 얼마든지 또 있다고.

대역을 찾는 문제를 해결하기 위해, 접근 방식을 바꿔 한 사람에게만 매달리지 않고 학급 전체에 상황을 공유한 건 훌륭한 판단이었다뮤. 만약

SUMMARY

Nego=chan's Point

까뮤's 포인트

두 사람이 하루토를 설득하려고만 했다면 이렇게 빨리 문제를 해결하지 못했을 거야.

급한 문제가 좀처럼 해결되지 않을 땐 한 가지 조건이나 수단에 얽매이지 말고, 여러 가지 방법을 자유롭게 생각해 보는 게 좋아. 아무리 뛰어난 골키퍼가 있어도 공격기술을 갈고 닦으면 반드시 골을 넣을 수 있다뮤.

넌 어떻게 할래?

THEME

차를 비싸게 팔려면?

사사키 씨는 차를 팔기 위해 중고차 가게 A를 방문했다.

그는 최대한 높은 가격으로 차를 팔고 싶었다.

"900만 원 쳐드릴게요."

"조금 생각해 보죠."

사사키 씨는 그렇게 대답하고 다른 중고차 가게 B를 방문했다.

"저희는 950만 원에 매입하겠습니다."

마을에 중고차 가게는 이 두 곳뿐이다. 사사키 씨는 어디와 거래를 해야 할까?

생각해 볼 점

가격만으로 판단하면 B 가게에서 파는 게 이득입니다. 하지만 한 번 더 잘 생각해 보세요. 사사키 씨의 목적은 '최대한 높은 가격으로 차를 파는 것'입니다. 그렇다면 A 가게에 가서 '950만 원보다 더 비싸게 매입해 주세요'라고 협상을 해보면 어떨까요? 처음 A 가게에 갔을 때와 달리 두 번째 갔을 땐 이미 '950만 원보다 적게 주면 B 가게에 팔겠다'라는 배트나가 생긴 상태입니다.

A 가게가 사사키 씨의 요구를 받아들일지는 알 수 없습니다. 하지만 만약 거절당해도 B 가게가 950만 원에 사준다고 했으니 사사키 씨는 손해 볼 게 없습니다. 한편 A 가게는 차를 매입할 수 있는 기회를 놓치게 되는 거죠. 사사키 씨는 배트나를 준비한 덕분에 유리한 입장에서 A 가게와 협상을 할 수 있게 된 겁니다.

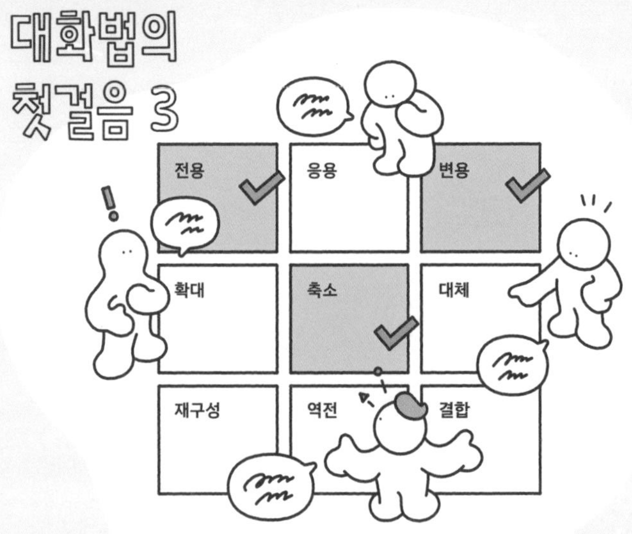

오즈번의 체크리스트

문제해결을 위한 아이디어를 낼 때 참고할 수 있는 '오즈번의 체크리스트'입니다. 미국의 광고 회사 부사장이었던 알렉스 오즈번이 제안한 방법으로, 그는 '브레인스토밍'을 창시하기도 했어요. 체크리스트는 모두 9항목으로 이루어져 있고, 각 항목에 맞춰 새로운 아이디어를 생각해 내는 방법이에요. ①전용: 다른 데서 쓰이고 있는 걸 써본다. ②응용: 다른 데서 성공한 방법을 변형해 써

본다. ③변경: 같은 걸 조금씩 바꿔본다. ④확대: 규모나 시간을 확대해서 생각해 본다. ⑤축소: 규모나 시간을 축소해서 생각해 본다. ⑥대체: 대신할 것이나 사람을 활용한다. ⑦재구성: 순번을 바꿔본다. ⑧역전 : 입장을 바꿔서 생각해 본다. ⑨결합: 두 가지 이상의 생각을 합쳐본다.

구체적인 문제를 예로 들어 아이디어를 내볼까요. 어느 중학교의 남녀 농구부가 체육관을 하루씩 교대로 사용하고 있습니다. 곧 대회가 있어 서로 체육관을 오래 쓰고 싶어 합니다. 그때 오즈번의 체크리스트로 다음과 같은 아이디어를 낼 수 있습니다.

①전용: 근처 초등학교 체육관을 빌린다. ②응용: 다른 학교는 어떤 식으로 체육관 사용시간을 나누고 있는지 알아본다. ③변경: 꼭 체육관에서 안 해도 되는 연습법을 생각해 본다. ④확대: 체육관 사용시간을 하루보다 길게 늘린다. ⑤축소: 체육관 사용시간을 줄여 하루 중 교대로 쓴다. ⑥대체: 체육관을 사용할 수 없는 날은 다른 장소에서 연습한다. ⑦재구성: 방과 후 체육관을 사용할 수 없는 날은 수업 전에 연습한다. ⑧역전: 체육관을 사용할 수 없는 날은 라이벌 학교에 가서 연습시합을 한다. ⑨결합: 남녀가 같이 연습한다. 이런 식으로 자꾸 아이디어를 내다보면 보다 빨리 문제를 해결할 수 있습니다.

제4장

학급에서 갈등이 생기면?

갑자기
뭔
소리야?!
이제 와서
노래랑 춤을
더하자고?
웅성
웅성
웅성

지금부터
같이 연습하면
되잖아!
싫거든!
하고 싶은
사람만
하든지!
그게
말이
돼?!

뮤지컬
좋은데!
회장!
뭐라고
말 좀 해봐!
어?
글쎄…

빠직
빠직
빠직

아…
내일 다시
얘기하자!

CHAPTER 4 COMMENTARY

서로가 만족할 수 있는 지점을 찾자

노도카의 방

노도카 나 왔어~. 하아….

까뮤 어서 와. 또 무슨 문제가 생겼냐뮤?

노도카 응. 사실은 이러저러해서 반 애들이 대립하고 있는 상태야.

까뮤 흐음, 마치 연극에 나오는 몬테규 가문과 캐플릿 가문 같군.

노도카 겨우 순조롭게 연습하고 있었는데, 이렇게 싸우면 어느 쪽이 이겨도 기분이 안 좋을 텐데….

까뮤 어느 쪽이 이겨도? 노도카, 내가 전에도 말했지만….

노도카 그래 알아. 대화는 싸움이 아니고 결론은 둘 중 하나가 아니라는 거. 하지만 이런 경우엔 뮤지컬로 할지 말지 선택할 수밖에 없잖아.

까뮤 자자, 급하게 단정 짓지 말고 '윈윈'을 목표로 반 친구들이 대화할 수 있게 해보라뮤.

노도카 윈윈?

까뮤 윈(Win)은 영어로 이긴다는 뜻이다뮤. 게임이나 스포츠 시합과 달리 세상엔 자신도 상대도 이길 수 있는, 윈윈으로 끝나는 승부도 있다뮤.

노도카 둘 다 이긴다고? 무승부가 아니라?

까뮤 서로에게 이득이 되는 결말이니까 무승부는 아니지.

노도카 한마디로 양쪽 다 만족할 수 있는 '지점'을 찾으란 거지?

까뮤 오오, 제법 어른스러운 단어를 쓰는데~.

노도카 그런 게 있을까….

CHAPTER 4 COMMENTARY

서로가 만족할 수 있는 지점을 찾자

까뮤 걱정 마. 지금은 싸워도 학급 모두가 바라는 건 결국 똑같다뮤.

노도카 알았어. 윈윈을 목표로 힘내볼게.

까뮤 좋아. 그러려면 너한테 컨플릭트 매니지먼트* 능력이 필요하다뮤.

노도카 으아 또 영어야! 잠깐 사전 찾아볼게. 으음… 컨플릭트는 대립, 매니지먼트는 관리… 대립을 관리한다는 뜻이야?

까뮤 맞아. 무조건 안 좋은 거라고 생각하는 대립을 긍정적 요소로 받아들이고 원만한 해결을 끌어내는 기술을 말한다뮤.

노도카 엄청 어려울 것 같은데.

까뮤 우선 반 아이들의 대화를 잘못된 방향으로 끌고 가지 않는 게 중요하다뮤.

* Conflict-management

노도카　잘못된 방향?

까뮤　네 가지 경우가 있다뮤.
①분쟁: 어느 한쪽이 이길 때까지 대립한다.
②회피: 대립을 피하기 위해 서로 소통하지 않는다.
③양보: 한쪽이 다른 한쪽의 의견을 그냥 수용한다.
④분배: 양쪽의 의견을 반반씩 받아들여 애매한 결론을 낸다.
이런 식으론 제대로 된 해결이 될 수 없다뮤.

노도카　그러네. 넷 다 별로야. 분배가 그나마 공평해 보이지만… 양쪽 말을 다 듣다간 연극 1막은 대사극, 2막은 뮤지컬로 하게? 그게 말이 되냐고.

까뮤　네 역할은 대립상황이 이렇게 흘러가지 않게끔 서두르지 말고, 피하지 말고, 대화를 통해 문제를 해결할 수 있게 이끄는 거다뮤.

서로가 만족할 수 있는 지점을 찾자

노도카 으음… 할 수 있으려나. 오늘도 다들 흥분하고 난리였는데.

까뮤 친구들이 차분히 대화할 수 있게 하려면 어떻게 해야 할까?

노도카 일단 다 같이 얼굴이 보이게 앉아서… 아! 토킹볼을 다시 써봐도 좋겠다!

까뮤 좋은 생각이야. 계속 강조하지만 다른 사람의 어떤 의견도 무시하지 않고 끝까지 들어주는 게 중요하다뮤.

노도카 그리고 나온 의견을 기록하면서 진행하는 게 좋겠어.

까뮤 옳지 잘한다. 대화의 목적이나 의견을 '가시화'하는 것도 아주 중요하다뮤.

노도카 가시화?

까뮤 예를 들어, 먼저 대화의 목적을 칠판 맨 위에 써놓는다뮤. 뮤지컬로 변경하고 싶은 이유는 칠판 왼쪽, 그대로 대사극을 하고 싶은 이유는 칠판 오른쪽, 그 밖의 의견은 칠판 가운데 써놓고.

노도카 그렇구나. 전체적인 의견이 보이면 장점이나 단점을 모두가 한눈에 알 수 있겠네. 대화의 흐름이 이상한 데로 가지 않게 해주는 지도 같아!

까뮤 그리고 발언하는 내용만 글씨로 써놓으면 남의 의견과 자신의 의견을 분리해서 생각할 수 있게 된다뮤.

노도카 자기 의견이 먼저 발언한 남의 의견에 끌려가지 않는단 뜻이지?

까뮤 그렇지. 누구 의견인지가 아니라 내용만으로 판단하는 게 중요하다뮤. 그리고 하나 더, 그 의견이 객관적 사실을 기반으로 하는지 아닌지도 확인해야 한다뮤.

노도카 아무도 거짓말은 안 할 텐데.

까뮤 예를 들어, 누가 '춤은 금방 배워. 다들 하루만 연습하면 잘할 거야'라고 하면 어때?

노도카 뭐? 하루 만에? 말도 안 돼….

까뮤 나도 그렇게 생각한다뮤. 아마 그 앤 춤을 하루 만에 배웠는지도 모르지. 하지만 그건 어디까지나 그 친구의 개인적인 경우고 대부분의 사람들도 그럴 거라고 확신할 순 없다뮤.

노도카 그렇구나. 굳이 부정할 필요는 없지만 객관적 사실인지 아닌지는 확인해야겠네.

까뮤 여러 의견이 나오겠지만 대화가 엇나갈 때마다 칠판에 써둔 '목적'을 애들한테 확인시켜 줘. 뮤지

칠판이나 화이트보드처럼 모두가 볼 수 있는 곳에 의견을 기록해 가며 대화를 진행할 것

컬 파도 반대파도 '연극을 잘 해내고 싶다'는 목적은 똑같으니까. 다 같이 새로운 해결책을 찾을 수 있다면 대화는 성공한 거다뮤.

노도카 응. 알겠어. 서두르지 말고, 피하지 말고, 함께 문제를 풀어볼게.

자, 내가
기록할
테니까
제대로
의견을
나눠보자.

난
관객들을
즐겁게
해주고
싶어.
춤과
노래가
들어가면 극이
화려해지고
훨씬
멋있잖아.

이제 와서
새로운 걸 어떻게
해. 지금 하는
연극의 완성도를
높이는 게
더 좋지.

'연극을
잘 해내고
싶다'는 건
모두 같네.
내가 좀
알아봤는데
관객들은
대사극보다
뮤지컬을
선호한대.
뮤지컬이
인기 있긴
하지.

한 달 안에
완성하는 건
솔직히
어려워.
흠음,
그래도 노래는
할 만한데….
우리 언니가
대학에서
뮤지컬을
하는데
엄청 힘들대.
특히
춤은
안무부터
짜야
하잖아….
하긴 춤이
가장 문제야~.
노래만
하면
괜찮겠다!
그럼 음악극은
어때? 춤은 빼고
중요한 장면에서
노래만 하기.
…어때?
…그
정도는
뭐.
결정
났네.
좋아~!
그럼 다시
연습하자!

SUMMARY

Nego=chan's Point

까뮤's 포인트

최선보다 차선을 목표로

노도카가 반 친구들의 갈등을 잘 해결한 모양이다뮤. 모든 사람에게 100% 맞는 답을 찾는 건 아주 어려운 일이야. 최선의 해결책보다 모두가 '그 정도면 괜찮아'라고 생각하는 차선의 해결책을 찾아낸 게 대단하다뮤.

뮤지컬 파는 춤을 포기해서 아쉽겠지. 반대파도 노래를 연습해야 하니 부담스러운 건 맞다뮤. 하지만 이건 애매한 타협의 결과로 나온 소득 없는 '무승부'가 아니다뮤. 노래가 더해지면서 극 전체의 완

Nego=chan's Point

까뮤's 포인트

성도가 올라갈 건 확실하니까.

'뮤지컬로 할 건가 말 건가'하는 양자택일에 얽매이지 않고 '대사극에 노래를 추가한다'라는 새로운 아이디어를 낸 덕분에 결과적으로 모두 만족하게 된 거다뮤. 이런 멋진 해결이 가능하다면 대립이 나쁜 것만은 아니겠지?

넌 어떻게 할래?

THEME

정치가의 선택

두 사람이 어느 정치가에게 청원을 하러 왔다.

A씨: 숲을 밀어버리고 공장을 세워 도시의 산업이 발달하게 해주십시오.

B씨: 자연을 보존하고 공원을 정비해 아이를 키우기 좋은 환경으로 만들어주십시오.

각 청원에 동의한 서명인은 A씨 쪽이 압도적으로 많았다.

당신이 정치가라면 누구의 청원을 들어줄 것인가?

생각해 볼 점

다수결로 결론을 내는 대표적인 예가 정치나 선거입니다. 보다 많은 지지를 얻는 쪽이 선택되는 '다수결의 원칙'은 많은 사람이 원하는 방식으로 빠른 결정을 내릴 수 있다는 장점이 있습니다. 하지만 많은 사람이 지지했다고 해서 소수의 의견을 무시해도 된다는 뜻은 아닙니다. 소수의 의견이 틀렸거나 가치가 없는 건 아니기 때문입니다.

다수결의 원칙과 소수의 권리. 두 입장을 똑같이 존중하는 건 대단히 어려운 일입니다. 하지만 만약 뭔가를 결정하는 입장이 된다면 어느 쪽의 의견도 버리지 않고 포용하는 방법을 꾸준히 찾아야 할 것입니다

대화법의 첫걸음 4

브레인스토밍으로 아이디어 내기

여러 사람이 모여 아이디어를 내는 걸 '브레인스토밍'이라고 합니다. 다 같이 아이디어를 모으면 혼자선 생각하지 못한 걸 들을 수 있고 아이디어를 모아 완전히 새로운 결과를 만들 수도 있습니다.

하는 방법은 간단합니다. 주제에 맞춰 자유롭게 아이디어를 낸 후 메모지나 화이트보드에 써서 모두가 볼 수 있게 합니다. 규칙은 단 하나, 어떤 아이디어도 무시하지 않고 비현실적이거나 효과가 없어 보여도 계속 의견을 내는 겁니다. 누군가의 기발한 발상에 자극받아 다른 사람이 더 좋은 아이디어를 낼 수도 있습니다. 이런 식으로 아이디어를 '확대'해 가는 게 브레인스토밍을 하는 이유 중 하나입니다.

예를 들어 '문화제에 많은 사람을 오게 하는 방법'을 생각해 봅시다. '부모님이나 형제자매, 친구들을 데려온다' '방문객에게 선물을 준다' '유명인에게 홍보를 부탁한다' '수험생을 위한 상담회를 연다' '다른 학교 학생들을 초대한다' '아이돌을 섭외한다'….

다양한 아이디어가 나왔으면 다음은 '수렴'입니다. '수렴'은 아이디어를 정리해 모은다는 뜻입니다. '모두가 할 수 있는 일'이나 '돈이 드는 일' 등, 브레인스토밍에서 나온 아이디어를 카테고리로 분류합니다. 실제로 가능한 일인지 아닌지도 이 단계에서 검토하면 좋습니다.

수렴을 하고 마지막까지 남은 아이디어가 '문화제에 많은 사람을 오게 하는' 가장 좋은 방법이 될 것입니다.

제5장 다시 주전 선수가 될 거야!

소타,
무슨 일
있어…?

축구부
주전
자리에서
밀렸어.

뭐?

그저께
감독님이
갑자기…
잠깐만요,
감독님!
제가 왜
후보예요?!
이미
결정난
일이야.
너도
한 번쯤
쉬어갈 줄도
알아야지.
왜지?
나 엄청
열심히
연습
했는데….

소타…

얘기 다
들었다뮤.
파삭
으아!!

CHAPTER 5 COMMENTARY

여러 시점에서 생각해 보자

소타 깜짝이야, 갑자기 튀어나오지 좀 마!

까뮤 소타는 주전 자리에서 왜 밀려났다고 생각하냐뮤?

소타 너 할 말만 하냐…. 나 대신 다음 시합에 나가는 1학년생이 엄청 패스를 잘해서 감독님이 아끼거든. 감독님 학생 때랑 비슷한 플레이를 한다나 뭐라나.

노도카 넌 아니고?

소타 난 패스보다 드리블로 상대 수비를 돌파하는 타입이야. 그걸 보고 감독님은 내가 멋대로 움직인다고 생각했겠지. 그래서 주전 선수에서 제외한 거고.

노도카 감독님한테 제대로 물어봤어?

소타 이미 결정한 일이라고만 하고 상대도 안 해줘. 물어보나 마나 내 짐작이 맞을걸.

까뮤 흐음. 엄청난 바이어스*네.

소타 바이어스?

노도카 아, 들어본 적 있어. 편견이나 선입관으로 한쪽에 기울어진 생각을 하는 편향사고란 뜻이지?

까뮤 맞았다뮤. 이 기회에 대표적인 바이어스를 몇 가지 예로 들어볼게. 첫 번째는 '확증 바이어스'. 자신의 생각이나 가설을 정당화하기 위해 자기 입맛에 맞는 정보만 받아들이는 거다뮤. 예를 들어 'SNS에 나와 똑같은 의견을 가진 사람이 많으니까 내가 옳아!' 같은 상황이지.

노도카 '남들도 다 그렇게 말해'라는 말 자주 쓰긴 하지~.

까뮤 두 번째는 '인지 바이어스'. 자신의 직감이나 경험에서 비롯된 선입관으로 상황을 비합리적으로

* Bias

생각하는 걸 말한다뮤. 예를 들어 비행기 사고에 대한 다큐멘터리를 본 사람이 '비행기는 무서우니까 자동차로 여행 가자' 같은 거지. 실제론 비행기 사고보다 자동차 사고 건수가 훨씬 많은데 말이야.

노도카 그 얘기도 들어봤어.

까뮤 세 번째는 '무의식적 바이어스', 말 그대로 무의식적인 편견을 뜻하는 거다뮤. '여자애가 학생회장이라니 신기하네' 같은 말들을 악의 없이 하는 경우야.

노도카 아~ 그러고 보니 아오이네 친척 아저씨가 그런 소릴 했다고 아오이가 엄청 화냈었어.

까뮤 편향된 사고는 누구나 갖고 있어. 그러니 자기 생각이 편견이나 선입관에 의한 게 아닌지 꼭 확인

해야 된다뮤.

소타 그건 알겠는데 나한테 바이어스가 있다고?

까뮤 '감독님은 어차피 그런 사람일 거야'하고 그 사람의 인격이나 생각을 멋대로 판단한 거잖아?

소타 그런 건 아닌데.

노도카 하지만 자세한 이유를 직접 들은 건 아니지?

소타 ….

까뮤 지금 소타한테 필요한 건 '불릿타임 사고법'으로 관점을 바꿔서 이 문제를 생각해 보는 일이다뮤.

노도카 또 어려운 말 나왔다.

까뮤 '불릿타임'이라는 건 영상촬영기술의 하나로 피사체 주변을 둘러싼 여러 대의 카메라가 시간 차이를 두고 연속촬영하는 기법을 말한다뮤.

소타 촬영기술이랑 내 일이 무슨 상관인데?

CHAPTER 5 COMMENTARY

여러 시점에서 생각해 보자

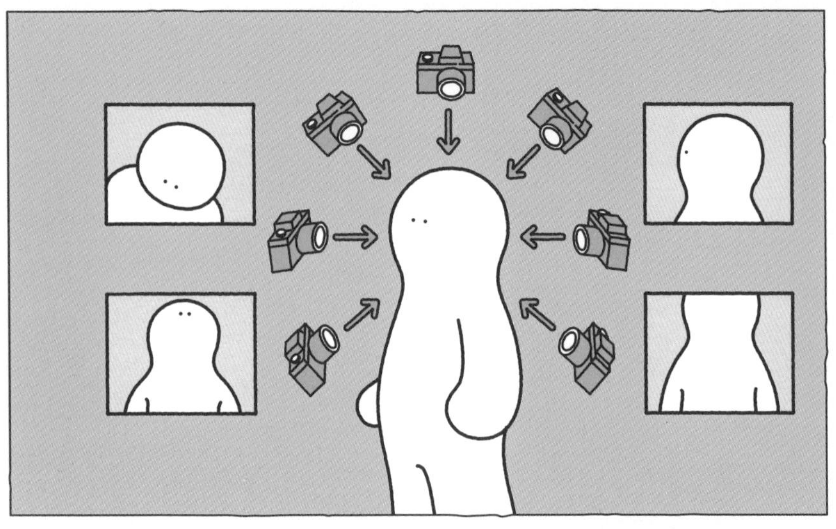

시점을 바꿔서 여러 각도로 본다면 같은 피사체도 다른 면이 보인다.

까뮤 상황을 여러 각도로 보는 게 중요하단 거지. 바이어스에 빠진 사람은 단편적으로 상황 판단을 하는 경우가 많다뮤. 그러니 편견이나 선입관을 버리고 시점을 바꿔서 생각해 보자뮤.

소타 아무리 그래도 난 내 입장에서만 보게 되는데.

까뮤 노도카도 감독님에 대해 알고 있어?

노도카 응. 과학 과목의 후지타 선생님. 축구부에선 어떠신지 몰라도 수업은 늘 알기 쉽게 잘 가르쳐주셔. 학생들한테도 친절하고 누굴 편애하거나 그러실 분이 아닌데.

까뮤 노도카 시점에서 보면 학생들을 아끼는 좋은 선생님인 것 같다뮤. 소타는 노도카의 말을 어떻게 생각해?

소타 뭐, 틀린 말은 아닌데….

CHAPTER 5 COMMENTARY

여러 시점에서 생각해 보자

까뮤 그런 선생님이 자기가 좋아하는 스타일의 축구를 한다는 이유로 선수를 뽑을까?

소타 …아니.

까뮤 자 이번엔, 감독님의 시점이 되어 문제를 생각해 보자뮤.

소타 내가 감독님인 것처럼 생각하라고?

까뮤 그렇다뮤. 감독님 입장이라면, '팀의 패스 기술을 강화하고 싶다' 같은, 여러 가지 고민도 할 수 있잖아.

소타 으음… 그러고 보니 '쉬어갈 줄도 알아야 된다'고 하셨어. 혹시 주전 선수가 아닌 게 나한테 도움이 된다는 뜻일까? 아니, 그래도 내가 주전으로 뛰려고 얼마나 노력했는지 다 아시면서….

까뮤 시점을 바꾸니 아까보다 훨씬 객관적으로 상황이

보이지? 어쨌든 진짜 이유는 감독님한테 제대로 물어보는 게 좋다뮤.

소타 그렇겠지. 하지만 전에도 아무 말씀 안 해주셨는데…, 다시 물어본다고 대답을 해주실까….

노도카 원래 후지타 선생님이 말수가 적으시잖아. 수업 시간에도 설명이 부족해서 학생들이 지적할 때도 있고.

까뮤 소타, '왜 저를 주전에서 탈락시켜요?' 같이 상대를 탓하는 듯한 말투는 안 된다뮤. 정중하고 차분하게 '감독님 생각을 자세히 알고 싶어요' 하고 말해봐.

노도카 걱정 마. 후지타 선생님이 꼭 말씀해주실 거야.

소타 알았어. 혼자 끙끙대봤자 아무 소용없으니까 한 번 더 감독님하고 얘기해 볼게. 둘 다 고마워!

감독님

지난번엔 죄송했습니다.

포지션 변경 이유를 부원들에게 알릴 수 있게 좀 더 자세히 말씀해 주세요.

…넌 잘하고 있어, 소타.

팀을 잘 이끌고 누구보다 열심히 개인훈련을 한다는 것도 안다.

그런데 왜…

그래서 그래.

넌 오버트레이닝이야. 계속 그러면 부상 입어.

!

네 성격에
주전으로
뛰는 한
무리해서
연습하겠지.
축구를
오래 하려면
가끔 쉬어갈
줄도
알아야 돼.

…알겠
습니다.

이러면
어떨까요,
감독님.

저 말고도
오버트레이닝
하는
녀석들이
있을 거예요.
이 얘길
부원들과
공유하고
대책을 세워도
될까요?
그래주면
좋지.

저,
이제부터
몸 관리
잘할게요.
그리고…
다시
주전이
될 겁니다!

기대할게.
네!

SUMMARY

까뮤's 포인트

Nego=chan's Point

편견과 선입관을 없애기 위해

소타는 감독님과 잘 얘기한 것 같다뮤. 이번 일로 소타와 노도카는 편견과 선입관 없이 다른 사람이나 상황을 다양한 시점으로 보는 게 얼마나 중요한지 배웠을 거라 생각해.

흔히 '사람은 자기가 보고 싶은 대로만 본다'라고 말하지. 사람은 원래 편견을 가진 존재다뮤. 그걸 인정해야 여러 시점에서 세상을 보는 습관을 들일 수 있다뮤. 일단 멈춰서서 '정말로 그런가?'하고, 자신의 사고방식을 검증해 보는 게 좋아.

SUMMARY

Nego=chan's Point

까묘's 포인트

다른 사람의 시점에서 상황을 본다는 건 상대의 입장이 되어보는 상상력을 발휘하는 거다뮤. 상대가 잘 모르는 사람일 경우에는 더 어려운 일이 되겠지만 다 같이 어울려 사는 세상을 만들기 위해 포기해선 안 되는 노력이다뮤.

넌 어떻게 할래?

THEME

뛰어난 외과의사

소년과 아버지 둘이서 드라이브를 하고 있었다

하지만 길을 가던 도중 아버지가 핸들 조작을 잘못 해 차가 뒤집히는 사고가 벌어진다.

소년과 아버지는 크게 다쳐 두 대의 구급차에 나눠 타고 각각 다른 병원으로 이송됐다.

소년이 누워있는 수술실에 뛰어난 외과의사가 들어왔다.

의사는 소년의 얼굴을 보고 크게 소리 질렀다.

'이, 이 아이는 내 아들인데!'

자, 당신은 이 상황을 어떻게 설명할 수 있을까?

생각해 볼 점

외과의사가 착각을 한 게 아닙니다. 실제로 수술실에 있던 건 의사의 아들이었습니다.

이 상황을 바로 설명할 수 없는 사람은 '뛰어난 외과의사'를 남자라고 생각했던 게 아닐까요? 그렇습니다. 의사는 소년의 어머니였던 겁니다. 본문에 성별이 쓰여 있지 않았음에도 '외과의사는 남자'라고 생각했다는 건, 무의식적으로 직업과 성별을 연결 지어 생각하는 바이어스가 작용하고 있다는 뜻입니다.

이런 바이어스는 때로 차별과 편견으로 이어집니다. 자신의 생각이 무의식적인 편견에 사로잡혀 있지 않은지 주의해야 할 것입니다.

대화법의 첫걸음 5

줌인·줌아웃

여러 가지 시점에서 상황을 본다는 건 왼쪽에서 촬영하던 영상을 오른쪽에서, 정면에서 촬영하던 사진을 뒷면에서 촬영하는 것처럼 카메라 앵글을 바꾸는 것과 비슷합니다.

이번엔 시점과 대상의 '거리'에 대해 생각해 볼게요. '줌인'과 '줌아웃'이라는 말을 들어본 적 있나요? 사진이나 동영상을 찍을 때 대상에 가까이 가는 게 줌인, 대상과 멀어지는 게 줌아웃입니다.

여기 두 장이 사진이 있습니다. 한 장은 줌인으로 꽃 한 송이를 찍은 사진, 다른 한 장은 줌아웃으로 그 장소 전체를 찍은 사진입니다. 줌인 사진에는 꽃잎이 선명하게 나와있지만, 어디서 촬영한 건지는 알 수 없습니다. 줌아웃 사진에는 주변 풍경이 나와 있지만, 꽃의 종류는 알아볼 수 없죠. 하지만 두 장의 사진을 같이 본다면 더 많은 정보를 알 수 있습니다.

모든 일을 생각할 때도 마찬가지입니다. 때로는 가깝게, 때로는 멀리 대상을 바라보는 게 중요해요. 예를 하나 들어볼까요.

관악부 부원들이 대회 참가를 위해 연습계획을 세우고 있습니다. 더 훌륭한 연주를 하기 위해 개인연습을 열심히 하기로 했습니다. 하지만 각자 아무리 실력을 갈고 닦아도 그것만으론 대회에서 좋은 결과를 내기 어렵습니다. 모두 함께 소리를 맞춰봐야 알게 되는 문제점도 있으니까요.

대회에서 상을 받으려면 개인연습과 합동연습의 균형을 맞춰야 합니다. 개인연습을 줌인, 합동연습은 줌아웃이라고 한다면 둘 다 꼭 필요한 거겠죠?

제6장
원하는 걸 얻기 위해선?

다음 날
안녕
으아! 눈이 왜 그래?!
아, 아오이 안ㄴ…
퉁 퉁
하하… 어제 부모님이랑 좀 싸워서….

CHAPTER 6 COMMENTARY

상대가 얻을 이점을 생각해 보자

노도카의 방

까뮤 안녕! 우리 노도카 친구구나!

아오이 으아?! 아… 반가워. 어어? 인형탈이야…?

노도카 걱정하지 마. 수상하긴 해도 대충 도움은 되니까….

까뮤 날 찾아왔다는 건 고민거리가 있다는 건데.

아오이 으, 응. 스마트폰이 갖고 싶은데 부모님이 절대 안 사주셔. 그래서 어제도 엄청 싸웠거든.

까뮤 흐음, 그럼 어제 어떤 식으로 싸웠는지 한번 재현해볼까. 내가 아오이네 부모님이 되어보겠다뮤.

아오이 알았어…. "엄마 아빠! 스마트폰 좀 사달라구요!"

까뮤 "그게 왜 필요한데?"

아오이 "집에 늦게 올 때 연락하면 좋잖아요."

까뮤 "통금시간 전에 들어올 생각을 해야지. 정 늦으면 공중전화로 연락하든지."

아오이 "다른 애들은 다 갖고 있어서 영상도 보고 음악도 듣는데."

까뮤 "거실에 컴퓨터 있잖아."

아오이 "공부용 어플 같은 건 못 쓰잖아요."

까뮤 "수업용 태블릿을 쓰면 되지."

아오이 "그건 내 맘대로 어플 못 깐다구요. 친구들이랑 SNS도 하고 싶고!"

까뮤 "SNS 때문에 사건사고도 많다던데. 위험해서 안 돼."

아오이 "아 진짜! 딴 애들은 다 있다구요!"

까뮤 "걔들은 걔들이고 넌 너야!"

아오이 큿… 진짜 말이 안 통해!

상대가 얻을 이점을 생각해 보자

노도카　대단하다, 까뮤. 진짜 보고 온 것처럼 연기하네.

아오이　뭐 대충 그런 내용이었어. 암튼 아무리 졸라도 절대 안 통해.

까뮤　지금 대화에서 뭐가 문제였는지 대충 알겠다뮤. 너네 혹시 프레젠테이션이란 말 들어봤냐뮤?

노도카　당연히 알지. 자료나 슬라이드를 사용해 사람들 앞에서 설명하는 거잖아. 수업시간에도 한 적 있어.

까뮤　학교뿐만 아니라 회사 같은 데서도 자주 하는 거다뮤. 예를 들어 자사 제품을 팔기 위한 자료를 준비해 손님에게 설명하는 것도 프레젠테이션이지.

노도카　얼마 전에 우리집에도 보안업체 사람이 와서 방범용 CCTV를 달라며 설명하더라. 근데 그게 왜?

까뮤　아오이의 주장은 비즈니스에선 절대 통하지 않는

다뮤. 자기가 좋은 점만 상대한테 강요하고 있으니까. '이 제품을 사주세요. 왜냐하면 그래야 우리 회사가 돈을 버니까요!'라고 말하면 누가 제품을 사주겠냐뮤?

아오이 뭐? 난 회사원이 아닌데.

까뮤 자기가 원하는 걸 얻기 위해 상대를 설득한다는 점은 회사나 집이나 똑같다뮤.

노도카 그럼 어떻게 해?

까뮤 방금 노도카가 말했던 보안업체로 생각해 보자뮤. 고객에게 방범용 CCTV를 팔려면 어떻게 해야 할까?

아오이 고객은 돈을 주고 구입하는 거니까, 손해 봤다는 생각이 들면 안 되겠지. 가격을 깎아줄까? 아니다, 제품의 성능을 강조하는 게 어떨까? 다른 회사 제품보다 이게 더 좋다는 식으로.

노도카 흐음… 방범용 CCTV를 사려는 사람은, 제품 자체를 원한다기보다 안심하고 살 수 있는 환경을 원하는 거 아닐까?

까뮤 오! 아주 좋은 지적이다뮤.

노도카 그러니 상대가 얻을 수 있는 이점을 말하는 게 좋을 것 같아. 성능을 강조하는 것뿐만 아니라 이 제품은 당신의 생활을 안전하게 지켜줄 거다, 이렇게!

아오이 그렇구나. 그럼 나도 엄마 아빠가 얻을 수 있는 이점을 말하면 되겠네?

까뮤 둘 다 이해가 빠르다뮤!

아오이 근데 솔직히 내가 스마트폰을 가져도 부모님한테 이득될 건 없잖아. 돈만 쓰는 건데.

까뮤 분명히 있어. 힌트를 주자면, 아까 재현했던 상황 속에 답이 있다뮤.

아오이 뭐? 아까 뭐라고 그랬더라?

노도카 부모님이 반대하시는 건 그만큼 널 걱정하기 때문인 것 같아.

아오이 맞아. 원래 걱정이 많은 성격들이라… 어? 알았다! 걱정을 안 하게 해드리면 되겠네?

까뮤 바로 그거다뮤.

아오이 두 분은 '스마트폰 사용은 위험하다'고 생각해. 뉴스에서 SNS 범죄나 왕따 얘기가 나올 때마다 '역시 아오이한테 사주면 안 되겠네'라고 말씀하시거든.

노도카 하지만 스마트폰이 범죄예방이나 재난방지에 도움이 될 때도 많잖아.

CHAPTER 6 COMMENTARY

상대가 얻을 이점을 생각해 보자

까뮤 스마트폰이 있으면 오히려 아오이가 안전해진다는 점을 주장하면서, SNS 범죄나 왕따에 엮이지 않을 대책을 세우는 게 해결책이 될 거다뮤.

아오이 할 수 있을 것 같아. 매일 돌아오는 시간을 알린다. 사고가 났을 때 가족들에게 바로 연락이 가는 어플을 깐다. 모르는 사람과 연락하지 않는다. 어플을 다운로드 할 때마다 보고한다. 잘 때는 전원을 끄고 거실에서 충전한다. 약속은 반드시 지키고 만약 어기면 폰을 압수해도 좋다!… 이런 식으로 제안하면 어떨까?

까뮤 좋아. 거기다 매월 통신비 예산도 명확히 설명하면 좋겠지.

노도카 아오이, 지금 나온 얘기를 정리해서 부모님께 프레젠테이션 해봐.

아오이　좋았어! 고마워 노도카, 까뮤! 스마트폰 갖게 되면 SNS 교환하자!

스마트폰이 필요한 이유	예상되는 반대
집에 늦게 올 때 연락하고 싶다.	일찍 귀가하면 된다.
영상과 음악을 즐기고 싶다.	거실 컴퓨터를 쓰면 된다.
어플로 공부하고 싶다.	수업용 태블릿을 쓰면 된다.
SNS로 소통하고 싶다.	사이버 범죄에 휘말릴까 걱정된다.

부모님이 얻을 이점이 될지도?

…통신비랑
사용할
어플 목록
예상 문제점
대책과
사용 규칙들

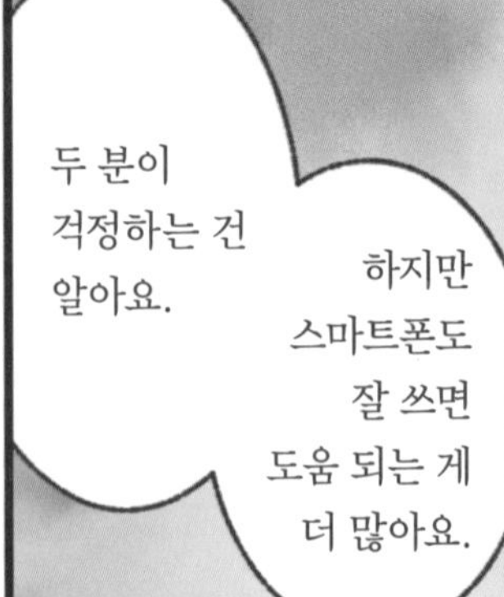
두 분이
걱정하는 건
알아요.
하지만
스마트폰도
잘 쓰면
도움 되는 게
더 많아요.

사용 규칙은
꼭 지킬 거고
'사주길 잘했다'고
생각하게
행동할 테니까

허락해
주시면
안 돼요?

네 생각은
잘 알았어.

그래도 개인용 스마트폰은 안 돼.
아…

대신 가족용 스마트폰을 사자.
귀가가 늦거나 친구랑 연락할 때 써.
당연히 네가 정한 규칙도 지켜야 하고.

한동안 지켜보고 괜찮겠다 싶으면 그걸 네 스마트폰으로 줄게.
어때?

!
아, 네!
좋아요!

뭐, 언젠간 사줘야 될 테니.
우리도 계속 의논했는데… 네가 이렇게 현명하게 쓴다면 믿고 맡길게.

규칙대로 잘 쓰렴.

고마워요!

SUMMARY

Nego=chan's Point

까뮤's 포인트

자신의 입장보다 상대의 이점을 말하자

아오이가 지금 당장 개인용 스마트폰을 얻지는 못했지만, 그럭저럭 만족스러운 결론을 낸 것 같네. 부모님의 안심한 표정을 보고 나도 안심했다뮤. 아오이는 분명 야무지게 규칙을 잘 지켜서 곧 자신의 스마트폰을 가질 수 있을 거야.

가족이나 친구에게 뭔가를 부탁할 때도, 비즈니스나 정치판에서 중요한 협상을 할 때도, 자신의 입장만을 상대에게 밀어붙이면 안 돼. '내가 곤란하니까 어떻게 좀 해 봐!'하고 강요하는 것보다 '이렇게 하

Nego=chan's Point

까뮤's 포인트

면 당신에게도 좋아'하고 상대의 이점을 얘기하는 편이 일이 더 쉽게 풀린다뮤.

남에게 뭔가를 부탁하기 위한 대화를 할 땐 자신과 상대, 둘 다 이득이 되는 결과를 목표로 삼아야 돼. 그러기 위해선 우선 상대의 이점이 무엇인지 잘 알아보는 게 중요하다뮤.

넌 어떻게 할래?

THEME

목표! 연봉 1억 원 인상

한 축구선수가 소속 구단과 다음 시즌 계약을 맺으려고 한다.

선수는 지난 시즌 때 신인이면서도 5골이나 기록하는 맹활약을 펼쳤다.

'다음 시즌에는 당신이 10골은 넣어줄 거라 믿습니다'

그렇게 말하며 구단 측에서 제시한 연봉은 2억 원.

선수는 3억 원에 계약하려고 생각하고 있었다.

당신이 이 축구선수라면 어떻게 연봉협상을 할 것인가?

생각해 볼 점

축구선수가 1년에 10골을 넣는다면 구단은 연봉 2억 원을 줄 가치가 있다고 생각합니다. 즉 1골의 가치는 2천만 원. 그렇다면 선수는 이런 제안을 해보는 게 어떨까요.

"그 연봉으로 하겠습니다. 대신 11골부터는 1골에 2천5백만 원씩 보너스를 주십시오."

선수가 목표 득점 10골에 더해 4골을 넣으면 3억 원을 받을 수 있게 됩니다. 선수의 골이 많아질수록 구단의 우승 가능성도 높아질 것입니다. 그렇게 구단이 강해지면 입장권이나 굿즈 수익도 늘어나겠죠. 구단 입장에서도 큰 이득이 되니 이 조건을 받아들일 가능성이 높을 것입니다.

앵커링 효과 주의

협상할 때 주의할 점으로 '앵커링 효과(닻 내림 효과)'가 있습니다. 선박의 '닻'을 뜻하는 '앵커'에서 나온 말인데 닻을 내린 배가 한정된 범위만 움직이게 되는 것처럼 상대의 사고를 일정 범위로 한정시키는 걸 뜻합니다. 예를 들어볼까요.

미술 수집가가 골동품 가게에서 멋진 그림을 발견했습니다. 가게 주인이 처음 제시한 가격은 1천만 원. 끈질기게 흥정을 해서

900만 원에 사기로 결정했습니다. 처음 가격에서 100만 원이나 싸게 구입한 수집가는 대단히 기뻤습니다. 하지만 더 기쁜 사람은 가게 주인입니다. 왜냐하면 그 그림은 헐값에 사들인 것이라 50만 원에 팔았어도 엄청나게 남는 장사였기 때문입니다.

일단 1천만 원이란 가격을 제시하면 수집가가 1천만 원을 기준으로 가격협상을 할 것이라는 걸 주인은 알고 있었습니다. 이렇게 사람들은 먼저 주어진 정보를 바탕으로 일을 생각하기 쉽습니다. 가게 주인은 1천만 원이라는 '장소'에 수집가의 사고를 '정박'시켜 버린 거죠.

앵커링 효과에 걸리는 건 가격흥정을 할 때만이 아닙니다. 상대가 일방적인 조건을 내놓으면 그게 앵커링 효과인지 아닌지 의심해 봅시다. 그 수에 걸리지 않으려면 자신이 원하는 조건이나, 양보할 수 없는 조건을 확실히 정해놔야 합니다.

인간 사고의 습성을 이용한 교활한 수법처럼 보이지만, 이런 수법이 있다는 자체가 대화나 협상 때 '어디서부터 이야기를 시작할 것인가'가 얼마나 중요한지 알려줍니다.

제7장
꿈을 이루기 위해서

기분이
안 좋을 땐
만화를 그리면
좀 나아져.
고마워.
아직 많이
부족
하지만

아!
기분이
안
좋다니…
혹시
아까
실수해서
그래?
그게
아니고
집에
일이 좀
있어서.

우리 엄마가
의사거든.
그러니 나도
의사가 돼서
병원을
이어받으래.
그래서 내가
만화 그리는
걸 싫어하셔….
만화가?
바보 같은
소리.
쓸데없는 짓
하지 말고
그 시간에
공부해!
저런
….

…말해
봤자
소용도
없고 이젠
포기했어.
하루토
…

불쑥
으아!!
그게 바로
'가치관의
차이'다뮤.

CHAPTER 7 COMMENTARY

가치관의 차이를 인정하자

하루토 뭐야? 누구세요?

까뮤 네가 하루토구나. 반갑다뮤. 난 까뮤라고 해!

하루토 사, 사람이야…?

노도카 따지지 말고 그냥 받아들여.

아오이 겉보기는 수상해도 꽤 도움이 되는 친구야. 하루토도 뭐든 상담해 봐.

하루토 어어… 근데 더 말할 것도 없어. 어차피 엄마는 내 마음을 몰라줄 텐데.

까뮤 가치관의 차이란 게 쉽게 해결할 수 있는 건 아니다뮤.

하루토 …그렇지

까뮤 가치관이라는 건 '무엇을 중요하게 생각하느냐'의 문제야. 사람마다 어떻게 살아왔는지에 따라 가치관이 정해지기 때문에 모두 다른 가치관을 가지고 있다뮤. 자신만의 기준 같은 거라 때로는 남이 이해하긴 어렵지.

아오이 그러고 보니 우리 아빠는 오래된 카메라를 좋아하는데 엄마랑 난 도저히 이해를 못 하겠어. 그냥 핸드폰으로 찍으면 되는데 굳이 필름 카메라로 찍는다니까? 바로 볼 수도 없고, 현상하려면 돈도 드는데.

까뮤 아오이 아빠한텐 오래된 카메라로 사진 찍는 게 중요한 거다뮤. 아오이 엄마랑 아오이는 그런 것에 가치를 두지 않는 거고. 그래서, 아빠한테 하지 말라고 했냐뮤?

아오이 그런 말을 어떻게 해. 아빠가 얼마나 좋아하시는지 아는데.

노도카 아오이는 아빠의 가치관을 인정한다는 뜻이구나.

CHAPTER 7 COMMENTARY

가치관의 차이를 인정하자

아오이 뭐, 이해는 못 하겠지만. 우리 연극도 필름 카메라로 찍을 거라고 엄청 기대하고 계셔! 아하하

노도카 있잖아, 까뮤. 하루토네 엄마가 만화를 좋아하게 되는 건 어렵겠지만, 만화를 좋아하는 하루토의 가치관은 인정할 수 있지 않을까?

까뮤 하루토, 할 수 있겠냐뮤?

하루토 말도 안 돼. 만화 그리는 것만 봐도 얼마나 질색하시는데.

까뮤 흐음. 그렇게 말하는 너도 엄마의 가치관을 인정하지 않는 거다뮤.

하루토 뭐?

까뮤 너한테 만화가 중요한 것처럼 엄마한테도 중요한 가치관이 있는 거야.

하루토 엄마의 가치관? …역시 공부가 최고란 거겠지.

엄마는 학생 때 완전 공부벌레였다고 했거든. 그러니 의사도 되신 거고.

까뮤 엄마가 왜 그렇게 공부를 중요하게 여기는지 들어본 적 있어?

하루토 아니. 그냥 엄마네 집이 별로 넉넉하지 않았댔어. 그런데도 혼자 힘으로 열심히 공부해서 의사가 된 거에 자부심이 있나 봐.

아오이 왜 엄마가 꼭 의사에 집착하시는 걸까? 만화가도 멋진 직업인데.

하루토 만화로 먹고사는 건 뛰어난 재능을 가진 사람만 가능하다고 생각하는 거 아닐까? 안정적인 수입이 얼마나 중요하고 다행스러운 건지 자주 말씀하시거든.

노도카 듣고 보니 직업을 고른다는 건, 그 사람의 가치관

CHAPTER 7 COMMENTARY

가치관의 차이를 인정하자

어떤 경험을 했는지에 따라 가치관이 달라진다.

이 많이 반영된 일이구나. 안정적인 수입을 얻고 싶은 사람, 사회에 보탬이 되는 일을 하고 싶은 사람, 무엇보다 자기가 좋아하는 일을 하고 싶은 사람….

아오이 하루토는 좋아하는 일을 하고 싶은 사람이네. 하루토네 엄마는 뭐였을까?

하루토 의사가 된 이유는 모르겠지만 의사가 돼서 다행이라고 자주 그러셔.

노도카 하긴. 아주 훌륭한 직업이잖아.

아오이 그러니 자식이 이어받길 원하시는 거겠지.

하루토 그건 그러네. 뭐, 난 의사가 되고 싶다고 한 적이 한 번도 없지만….

까뮤 넌 엄마의 직업을 어떻게 생각하냐뮤?

하루토 당연히 대단하다고 생각하지. 사실은 내가 어릴

가치관의 차이를 인정하자

때 부모님이 이혼하셨거든. 아빠랑 헤어지고 바로 병원을 개원해서 지금까지 운영해 왔으니까. 동네 사람들이나 환자들한테 평판도 아주 좋아.

노도카　하루토네 엄마 진짜 대단하시다.

아오이　응. 완전 멋있어!

하루토　…그렇지? 고마워.

까뮤　그 마음 그대로 엄마한테 전해봐. 열심히 공부해서 의사가 된 엄마가 자랑스럽다고.

노도카　하루토가 엄마의 가치관을 인정하고 있다는 걸 전하란 거구나.

까뮤　그렇다뮤.

아오이　그럼 엄마도 네가 중요하게 생각하는 걸 인정해 주시지 않을까?

하루토　그러면 좋겠지만… 잘될까?

까뮤 　물론, 당장 같은 가치관을 공유할 순 없어. 하지만 상대의 생각을 존중하고 인정할 순 있잖아. 그걸 시작으로 꾸준히 대화를 계속하면 된다뮤.

하루토 　알았어. 엄마랑 얘기해 볼게.

아오이 　우리도 장래의 일을 슬슬 생각해 보는 게 좋으려나~.

노도카 　으아~ 난 아직 아무 생각도 없는데….

까뮤 　서두를 필요 없어. 모두 천천히 고민해 보라뮤.

노도카 　그래 알았어. 고마워, 까뮤.

하루토,
요새
학교는
어떠니?

별일은
없어요. 곧
문화제라서
그 준비로…
공부
말이야.
문화제
끝나면 바로
기말고사
잖아.

시험 전에
복습만
하면 돼요.
그럼 됐고.
집에서
낙서만
하니까
걱정돼서.

…저기,
엄마

엄마가
아주 열심히
공부하고
의사가
돼서
자부심을
갖고
일하시는 건
알아요.
저도 그런
엄마가 정말
멋지다고
생각하고요.

그러
니까
…
그런
데요

스윽

이게 뭐야?

현역 의사가 그린 의료 만화예요.

많은 사람들이 부업으로 만화를 그려요.

흐음 …

요샌 만화로 일하는 방법도 다양하고요.

그러니 저도 계속하고 싶어요.

만화는 미래의 가능성을 더 넓혀주는 거니까.

… 알았어. 그래도 지금은 공부가 먼저야!

고마워요, 엄마

SUMMARY

까뮤's 포인트

Nego=chan's Point

다른 가치관을 가진 남과 어울려 살아가다

하루토와 엄마가 조금은 가까워진 것 같다뮤. '하루토도 의사가 되면 좋겠다'는 엄마의 바람은 여전하지만, 만화를 좋아하는 하루토의 가치관을 인정해 준 것만으로도 발전한 거지. 앞으로도 두 사람이 천천히 대화를 나눠봤으면 좋겠다뮤.

가족이든 친구든 같이 일하는 동료든, 모두가 나와 같은 가치관을 가지고 있진 않아. 이 사회는 다른 가치관을 가진 남들과 어울려 살아가는

SUMMARY

Nego=chan's Point

까뮤's 포인트

곳이니까.

그러니 서로가 서로의 가치관을 인정해 주는 게 중요하다뮤. 100% 이해하진 못해도 '그렇게 생각할 수도 있구나'하고 받아들이는 건 누구나 할 수 있잖아. 그것만 해도 가치관의 차이에 따른 문제를 대화로 잘 해결할 수 있을 거다뮤.

넌 어떻게 할래?

THEME

자존심 강한 장인

외국의 시장을 걷고 있던 미술대학 교수가 훌륭한 목조각품을 발견했다.

작품을 만든 장인에게 '부디 내게 팔아달라'고 부탁했으나 '그건 미완성작이라 팔 수 없다'며 거절당했다.

장인은 작품의 완성도를 상당히 중요하게 여기는 것 같았다.

미완성작이라고는 믿기지 않는 멋진 목조각품에 교수는 점점 빠져들었다.

오늘 밤 비행기를 타고 귀국해야 하기 때문에 하염없이 기다릴 수는 없었다.

자존심 강한 장인을 어떻게 설득할 수 있을까?

생각해 볼 점

'그 상태로도 괜찮으니 파십시오'라는 설득은 효과가 없을 겁니다. 작품의 완성 여부를 결정하는 건 장인이기 때문이죠. 대신 이런 제안은 어떨까요?

'저는 미대 교수입니다. 학생들에게 당신의 작품을 보여주고 싶어요. 이건 완성작보다 미완성작에 더 큰 가치가 있다고 생각합니다. 이미 이렇게 멋진 작품인데도 더 완벽하게 만들려고 노력하는 사람이 있다는 걸 학생들에게 가르치고 싶습니다. 그럼 학생들도 깨닫고 자기 작품의 완성도를 위한 집념을 가질 겁니다'

'완성도를 위한 집념'이라는 장인의 가치관을 인정한 후 제안을 한다면, 장인도 생각을 바꿔줄지 모릅니다.

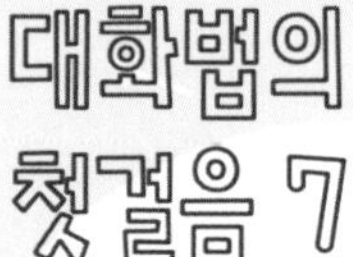

긍정적 사고와 비판적 사고

'긍정적 사고'란 말을 많이 들어봤을 겁니다. 뭐든 좋은 쪽으로 받아들이고 적극적인 사고방식을 갖고 있다는 뜻이죠. 반대로 뭐든 나쁜 쪽으로 받아들이고 소극적인 사고방식을 갖고 있는 걸 '부정적 사고'라고 합니다.

설령 평소엔 부정적 사고를 하는 사람이라도 대화나 브레인스토밍을 할 땐 긍정적 사고를 하는 게 중요합니다. 누군가의 의견을 '그거 괜찮은데'하고 긍정적으로 받아주면 분위기도 좋아지고 다른 사람이 추가 의견을 내기도 쉬워지죠. 그럼 새로운 아이디어가 나올 가능성도 높아집니다.

반대로 '다 틀렸어' '시시해' '그게 될 리가 없잖아'처럼 부정적인 반응만 계속하면 참가자 모두가 '저 사람한텐 무슨 말을 해봤자 소용없어'라고 생각하고 아무도 의견을 내지 않게 될 겁니다.

그렇다고 부정적 사고 자체가 나쁜 건 아닙니다. 예를 들어 수학여행의 반별 활동 계획을 짤 때, 누가 '놀이동산에 가자'는 제안을 했다고 칩시다. 모두가 '좋다'하고 찬성할 때 '거긴 돈이 많이 들 텐데?' 같은 현실적인 의견을 내는 사람이 있다면 나중에 당황할 일은 없겠죠.

이렇게 '실현이 가능한가?' '논리적인가?' '바이어스는 아닌가?' 식의 다양한 시점으로 상황을 분석하는 걸 '비판적 사고'라고 합니다.

남한테만이 아니라 자기 자신의 의견에도 비판적 사고를 할 수 있어야 합니다. 말하기 전 자신의 의견을 다시 한번 검토하면 부족한 부분이나 불합리한 점을 찾아낼 수 있습니다. 꼭 한번 시험해 보세요.

제8장

부당교칙을 폐지하라

대단해 소타! 엄청 바빴을 텐…

훗! 무대팀 능력이지. 시간을 쪼개가며 열일했거든.

에취!!

여기 추워! 너네 이런 데서 작업했어?!

세트 만들 장소가 여기 뿐이라.

우리 학교는 왜 카디건을 못 입게 하지?

전에 한번 입었다가 선생님한테 혼났잖아~.

너무해!

왜지!

시끌
사토는 감기까지 걸려 결석했잖아.
연습할 때 교실도 너무 춥고.
이거 부당교칙 아냐?
아오이가 학생회장이니까 어떻게 좀 해봐~.
시끌
음… 그냥 두고 볼 순 없겠네.

좋아! 내가 선생님과 담판 짓고 올게!
와―아!
멋져 로미오!
우리도 같이 갈게!
?!

얘들아 잠깐 기다려….
노도카도 같이 가자!

불쑥
잠깐 잠까~안 뮤!
으아아아아!!

뭐야, 또 너냐!
올 줄 알았어….

반짝
참 성격들 급하다뮤. 가려면 제대로 '준비'부터 해야지!
준비…?

CHAPTER 8 COMMENTARY

모두에게 이득인 협상점을 찾자

까뮤 너희는 교칙이라는 게 왜 있는지 아냐뮤?

하루토 학교는 단체생활 공간이니 그렇지. 많은 학생들이 어울려 지내려면 어느 정도 규칙이 필요하니까.

노도카 맞아. 지키는 편이 모두한테 좋은 거잖아. 교통법규를 지키는 것처럼.

아오이 하지만 카디건 착용금지는 도저히 이해가 안 돼. 그걸로 피해 보는 사람만 있잖아.

소타 선생님들은 맨날 '복장이 흐트러지면 마음도 흐트러진다'고 하는데 겨우 카디건 하나 걸치는 걸로 무슨 마음이 흐트러진다는 거야.

노도카 확실히 잘못된 교칙인데 무조건 지키는 건 좀 이상해.

까뮤 바로 그거야. 학교 교칙은 사회의 법과 비슷한 건데, 법도 많은 사람들이 이의를 제기하면 '법개정'

을 할 수 있다뮤. 너무 옛날에 만든 법이라 지금 시대랑 맞지 않는다든지 하는 다양한 이유로 말이야.

아오이 그럼 당연히 교칙도 바꿀 수 있겠네!

까뮤 그렇다고 무작정 교무실에 쳐들어가 선생님한테 교칙을 바꿔달라 그러면 '그래, 그래라'라고 하실까?

아오이 으으… 아, 이거 '자신의 입장만 밀어붙이면 안 된다'고 얼마 전에 배운 거네.

까뮤 새로운 규칙을 만들 때도, 지금 있는 규칙을 바꿀 때도, 관계자 모두가 받아들일 수 있게 정중한 대화로 풀어가야 된다뮤.

하루토 으음… 일단 선생님들과 대등한 입장에서 얘기하면 좋을 텐데, 어떡하면 좋을까?

CHAPTER 8 COMMENTARY

모두에게 이득인 협상점을 찾자

까뮤 이런 복잡한 문제를 해결할 땐, '스파이스(SPICE) 법칙'으로 정리해 보면 좋다뮤.

노도카 스파이스 법칙?

까뮤 문제해결의 수단을 뜻하는 영어의 머리글자에서 따온 말인데 단계별로 생각해 보는 거다뮤.

①상황과 관계자를 파악한다.

②관계자의 시선으로 생각한다.

③무엇이 문제인지 명확히 한다.

④해결책의 아이디어를 낸다.

⑤어떤 해결책을 쓸지 정한다.

하루토 관계자는, 우리 학생들하고 선생님들 맞지?

까뮤 그래. 너희가 이 문제의 '스테이크홀더*'다뮤.

노도카 스테이크홀더?

까뮤 이해관계자란 뜻이다뮤. 이번 경우엔 교칙 변경

* Stakeholder

으로 영향을 받는 사람 모두가 스테이크홀더지.

아오이 그럼 부모님도 해당되나? '요즘 세상에 카디건 착용금지라니, 감기라도 들면 어쩌려고' 하면서 우리 부모님도 뭐라 하시던데.

노도카 그럼 관계자는, 학생, 교사, 그리고 자녀를 학교에 보내는 학부모로 크게 세 집단이 되겠네. 이제 각자의 입장에서 이 문제를 생각해 보면….

아오이 학생의 목적은 카디건을 입을 수 있게 되는 것.

소타 교사의 목적은 복장 불량으로 교내 분위기가 흐트러지지 않는 것.

하루토 학부모의 목적은 자녀의 건강을 해치지 않는 것.

노도카 이렇게 정리해 보니까 근거도 없이 카디건 착용을 금지하는 건, 적어도 학생과 학부모 입장에선 전혀 득이 될 게 없는데?

모두에게 이득인 협상점을 찾자

대화를 진행하기 위한 'SPICE 법칙'

S	Situation, Stakeholder Analysis (상황 · 이해관계자 파악)	상황과 관계자를 파악한다.
P	Perspective Taking (시점획득)	관계자의 시선으로 생각한다.
I	Issue Making (과제설정)	무엇이 문제인지 명확히 한다.
C	Creative Options (창조적 선택지)	해결책의 아이디어를 낸다.
E	Evaluation and Decision Making (평가 · 의사결정)	어떤 해결책을 쓸지 정한다.

소타 학부모가 학생들 편을 들어주면 든든하지. 하지만 '그래도 교칙은 따라야지'라고 생각하는 학부모도 있을걸.

아오이 그럼, 학부모 대상으로 설문조사를 해보자. 학생들한테도 물어봐서 구체적으로 몇 명이 카디건 착용 자유화를 찬성하는지 숫자로 정리하는 거야.

노도카 그게 좋겠다. 학부모와 학생들의 의견을 모으면 선생님들을 설득할 수 있는 객관적인 자료가 될 것 같아.

아오이 그걸 보면서 학생들과 선생님들이 토론할 수 있는 자리를 만들자!

하루토 자녀의 건강이 걸린 문제니까 학부모들도 참여시키는 게 어떨까?

소타 그러자. 학부모도 스테이크홀더니까.

CHAPTER 8 COMMENTARY

모두에게 이득인 협상점을 찾자

노도카 서로 감정적으로 대립하는 게 아니라 같은 목표를 위해 대화할 수 있으면 좋겠다. 선생님들은 복장상태가 나빠질까 봐 걱정하는 거니까 어떻게 카디건을 입을 건지 학생들이 먼저 생각해서 제안해 보자.

아오이 좋은 생각이야. 왠지 일이 잘 풀릴 것 같은데? 설문조사를 하면 다른 의견도 많이 들어올 테니까 그걸 참고해서 개정안을 만들자.

하루토 그럼 설문조사는 어떤 식으로….

아오이 학생회에서 진행할게. 설문지가 정리되면 바로 토론회를 열 수 있도록 학부모회 담당 선생님한테도 말해놓고. 물론 학생과 교사, 학부모 대표가 모두 출석하는 방식으로.

노도카 아오이 진짜 일 잘한다….

까뮤 좀 전까진 다짜고짜 교무실로 쳐들어가려고 하더니, 제법이다뮤.

아오이 이런 건 나한테 맡겨. 당장 학생회 임원들한테 연락할게!

소타 그럼 우린 딴 애들한테 이 일을 알리고 학생 측 입장을 도와줄 녀석들을 더 찾아볼까?

하루토 좋아. 학생회만으론 힘들 테니까 우리도 뭐든 해야지.

까뮤 후훗.

노도카 뭐야, 까뮤. 왜 웃어?

까뮤 이제 슬슬 내가 도와주지 않아도 될 것 같아서.

노도카 뭐 그럴지도. 근데 그게 그렇게 좋아?

까뮤 후후후. 너희는 분명히 잘해낼 거다뮤.

학생회는 전교생과 학부모회에 설문조사를 실시
그 결과 카디건 착용을 허가해야 된다는 의견이 학부모회의 70%, 전교생의 90%로 나왔다.
학생회는 조사 결과를 학교에 제출했고
학생과 학부모 대표, 교직원 대표로 이뤄진 토론회가 열렸다.
학생대표
…이와 같이 학생들의 교내 겉옷 착용을 금지하는 교칙의 폐지를 건의합니다.
…하지만 중학생다운 복장을 갖추는 건 중요한 거라…
교직원대표
'중학생다운 복장'이 구체적으로 뭐죠?
학부모대표
명확한 근거가 없다면 학부모는 아이들의 건강이 우선입니다.

결국 우린
카디건 착용
자유화에
성공했다.
으아
피곤하다~!
아오이
정말
고생했어!
연극
연습에
토론회
준비까지
하다니
진짜
멋지게
해냈어!
으하하~
정말 하길
잘했지!

생각 없이
규칙을
따르는
게
아니라
같이
고민하고
더 좋게
바꿔
나가는 것
그게
훨씬
즐거운
거구나!
그래.
맞아.

SUMMARY

까뮤's 포인트

Nego=chan's Point

'셋 다 이득'을 얻기 위해

학생회를 중심으로 열심히 노력한 덕분에 모두의 바람대로 교칙을 바꾸는 데 성공했다뮤. 만약 그때 아무 준비 없이 무턱대고 교무실을 찾아갔다면 아마 이런 결과를 내지 못했을 거다뮤.

교칙을 바꾸려면 '교사VS학생'같은 대결구도가 되기 쉽지. 하지만 학부모라는 스테이크홀더도 참여해서 윈윈이 아닌 윈윈윈을 노린 게 아주 기발한 판단이었다뮤.

SUMMARY

Nego=chan's Point

네고's 포인트

'장사꾼 좋고 손님 좋고 세상 좋고'라는 상인의 경제 이념을 표현한 '셋 다 이득(산포요시*)'이란 말이 있다뮤. 어느 한쪽만이 아닌 모두에게 좋게끔 장사를 하는 게 사회 전체의 이득으로 이어진단 말이지. 이런 사고방식은 장사에만 통하는 게 아니라 사회 여러 분야에서 통할 수 있다뮤. 바로 그걸 노도카와 친구들이 증명한 거야.

* 三方よし, 일본 에도 시대의 상인 정신

넌 어떻게 할래?

THEME

두 명의 스님

두 명의 스님이 다리가 없는 강을 건너지 못해 난처해하는 여자를 발견했다. 스님들에겐 여자와 말을 하거나 몸이 닿으면 안 된다는 계율이 있었다. 그런데 한 스님이 스스럼없이 여자를 업고 강을 건넌 후 반대편 강가에 내려놔 줬다. 다른 스님이 크게 놀라 뒤를 쫓아갔다. 한동안 잠자코 걸어갔지만 불편한 마음이 가시질 않았다.

'승려의 몸으로 어찌 여자를 가까이했는가'라고 물어보니, 앞서 걷고 있던 스님이 이렇게 대답했다. '이런, 자네는 아직도 그 여자를 업고 있었군. 난 진작에 내려놓고 왔는데.'

당신은 어느 스님의 생각에 공감할까?

생각해 볼 점

앞서간 스님은 이렇게 말하고 싶었던 게 아닐까요.

'물론 출가한 승려는 여자를 가까이하면 안 된다는 계율이 있지. 하지만 곤란한 일을 당한 사람이 눈앞에 있다면 계율을 지키는 것보다 도와주는 게 더 중요하지 않겠나. 그걸 모르고 이미 지나간 일을 곱씹고 있는 건 수행이 부족한 거 같군' 하고요.

스님의 계율은 어디까지나 훌륭한 수행승이 되기 위한 것입니다. 계율을 지키는 것 자체가 목적이 되어버리면, 다른 중요한 것을 놓치게 될 수도 있겠죠.

대화법의 첫걸음 8

악마의 변호인과 예스맨

가톨릭교회에선 성인을 시성하기 위한 심사를 할 때 그 사람의 결점을 찾는 게 임무인 '심문관'이라는 직책이 있습니다. '정말 이 사람이 성인이 되어도 괜찮은가? 이 사람은 성인에 부적합한 이러저러한 결점이 있지 않은가' 하는 식으로 추천 후보의 불가 이유를 집요하게 주장하기 때문에 '악마의 변호인'이라고 불립니다.

가톨릭교회가 아닌 토론의 장에서도 '악마의 변호인'을 둘 때가 있습니다. '악마의 변호인'에게 지적당한 사람은 자신의 주장이 옳은지 다시 한번 생각해야 합니다. 그런 식으로 토론이 활성화되면 많은 사람이 납득할 수 있는 결론이 나오게 됩니다.

이와 반대로 사회엔 '예스맨'만 곁에 두는 사람도 있습니다. 예스맨이라는 건 자신보다 지위가 높은 사람을 거역하지 않고 틀린 방침이나 부적절한 지시까지 '예스'라고 대답하는 사람입니다. 하지만 안데르센 동화의 '벌거숭이 임금님'을 예로 들것도 없이, 아무도 비판과 지적을 하지 않는다면 결국 모두가 불행해지게 됩니다.

예스맨만 남은 조직의 막다른 모습은 독재국가입니다. 독재국가에선 독재자가 부당하게 권력을 휘두르고 멋대로 모든 일을 결정합니다. 국민은 독재자를 거스를 수 없습니다. 반대자는 체포되고 사형을 당할 수도 있으니까요. 그런 사회에선 누구도 행복하게 살 수 없습니다.

그렇게 되지 않기 위해 우리가 할 일은, 언제 어느 때나 대화로 문제를 해결하기 위해 노력하는 겁니다. 그리고 절대로 예스맨이 되지 않는 거죠. 부디 잊지 마세요.

제9장

리더란 무엇인가

축제날
와글
드디어 본 공연이다~.
와글
긴장 돼!
와글
와글

의상이랑 소품 준비 다 됐지?
그럼 최종 리허설 하러 가자!

어? 아직 딴 반이 리허설 중이네….

미안한데, 교대 시간이야.
우리 이제 막 시작했는데?
뭐?!

그럴 리가…
팟
팟

시간이 겹쳤어…?!

아!
그거 예전 시간표 같은데…
뭐?

리허설 시간표를 만들고 보니 틀린 게 있어서…

고쳐서 다시 나눠준 줄 알았는데 섞여 있었나 봐.

웅성

뭐?!

그럼 리허설 시간이 겹치잖아?!

어떡하지?

웅성

웅성

웅성

두 시간 뒤에 공연인데…

실행위원 잘못이야!

다들 진정하고…!

이미 벌어진 일이야.

CHAPTER 9 COMMENTARY

포기하지 말고 방법을 찾자

노도카 일단 모두 진정하고, 현재 상황과 목표를 정리해 보자.

소타 시간표 실수로 리허설이 다른 반과 겹쳐버렸어. 본 공연까지 남은 시간은 두 시간. 목표는 빨리 다른 장소를 찾아서 리허설을 하는 거지.

하루토 리허설 시간과 강당으로 가는 이동시간, 무대세팅에 걸리는 시간까지 생각하면 지금 우리가 고민할 수 있는 시간은 10분 정도야.

아오이 10분… 지금 리허설 하는 반이랑 연습시간을 나누는 건 안 되겠지?

노도카 응. 세트 바꾸는 데도 시간이 걸리고, 전체 리허설을 못 하는 건 어느 반에게도 도움이 안 돼.

아오이 알았어. 그럼 학교 안에 다른 장소를 생각해 보자.

하루토 우리 교실에서 하면 어때?

소타 교실은 너무 좁아서 세트가 안 들어가.

노도카 맞아. 무대세트 위치나 이동연습까지 맞춰보려고 리허설을 하는 거니까 넓은 장소가 필요해.

아오이 음악실은 교실보다 크니까 괜찮지 않을까?

노도카 음악실도 그렇고 리허설에 쓸만한 특활실은 전부 축제행사로 사용 중이라….

소타 차라리 밖에서 할까? 세트를 만들었던 체육관 뒤쪽 공간도 꽤 넓고 좋은데.

아오이 거긴 사람들이 왔다 갔다 해서 좀 그렇지.

소타 하긴, 어제 비가 와서 땅도 질척거리더라…. 의상이나 세트를 더럽힐 수도 없으니 안 되겠다.

노도카 학교 안에 장소가 없으면 학교 밖에서 하면 어때? 근처 초등학교 체육관 같은 데서 하면 안 될까?

CHAPTER 9 COMMENTARY

포기하지 말고 방법을 찾자

하루토 가서 상황 설명하고 이동하는 시간이 너무 걸려. 지금 가기엔 늦었어.

소타 흐음… 그럼 발상을 바꿔보자. 우린 '리허설을 꼭 해야 한다'고 생각하는데, 정말 그런가? 그냥 바로 공연하면 안 돼?

아오이 무대연습은 몇 번 안 했잖아. 한 번이라도 더 강당 무대랑 비슷한 장소에서 동선을 익혀놓지 않으면 실수할 거야. 까뮤가 한 말 잊었어? 뭐든지 준비가 중요하다고.

소타 그건 그래. 우리 목표는 정확히 말하면 '본 공연과 비슷한 환경에서 최종 리허설을 한다'지. 공연을 성공시키기 위해.

하루토 까뮤가 있었으면 뭔가 좋은 충고를 해줬을 텐데….

소타 그 녀석은 왜 필요할 때 안 보이는 거야?

아오이 슬슬 나타나지 않을까? '또 무슨 문제가 생겼냐뮤' 이러면서.

노도카 까뮤가 없어도 괜찮아. 지금까지 우리 힘으로 열심히 준비하고 연습해 왔잖아. 끝까지 포기하지 말고 생각해 보자.

아오이 …노도카.

노도카 응? 왜?

아오이 왠지 믿음직해졌어.

노도카 아, 그, 그래?

아오이 응. 네가 말하면 할 수 있을 것 같아.

하루토 맞아. 까뮤한테 의지하지 말고 우리끼리 생각해 보자. 끈기 있게 대화로 풀어가는 게 중요하다고 했잖아.

포기하지 말고 방법을 찾자

소타 축구도 추가시간부터가 진짜 승부다뮤!

노도카 아하하, 다들 까뮤를 닮아가네.

아오이 좋아! 다시 생각해 보자. 리허설이 가능하고, 우리가 아직 깨닫지 못한 장소가 어딜까?

하루토 분명히 어딘가 있을 것 같은데….

소타 잠깐, 시점을 바꾸어 생각하면 새로운 아이디어가 나온댔어.

아오이 까뮤가 그랬어?

소타 걔도 그랬고 얼마 전 축구부 후배도 그러더라고. 시합 중에 상대 수비에 막히면 새의 시점으로 보는 것처럼 운동장 전체를 본다고. 그럼 우리 편에 좋은 패스를 넣어주는 공간이 보인다고 말이야.

노도카 새의 시점으로 보는 것처럼….

하루토 하늘에서 내려다보는….

소타 ….

아오이 ….

소타 …아.

노도카 …옥상…?

아오이 옥상에선 행사하는 것도 없고 비어있어!

하루토 크기도 충분해!

소타 사람들한테 보일 걱정도 없고!

노도카 조금 춥긴 하겠지만… 카디건을 입으면 괜찮아!

하루토 아, 잠깐만. 옥상은 학생들 출입금지잖아?

노도카 과학실험 하러 나간 적도 있고 선생님이 같이 가면 괜찮을 거야. 사정을 얘기하고 열어달라고 말씀드리자!

아오이 좋았어. 내가 교무실에 가서 선생님께 말할게!

노도카 부탁해, 아오이! 소타, 하루토! 우린 빨리 애들이

CHAPTER 9 COMMENTARY

포기하지 말고 방법을 찾자

랑 무대세트 옮기자!

아오이 최대한 빨리 올 테니까 바로 리허설 시작할 수 있게 준비해 놔!

하루토 알았어!

소타 걱정 마!

노도카 다들 너무 서두르지 말고! 괜찮아! 우린 잘할 수 있을 거야!

아오이가
선생님과
얘기해
옥상을
쓰게 되고
반 아이들이
다 함께 세트를
옥상으로
옮겨서
우리는
최종 리허설을
무사히
마칠 수 있었다.

공연 5분 전
겨우 시간 맞췄네.
그래? 난 별로 걱정 안 했는데.
진짜 큰일 날 뻔~!
우리한텐 네가 있잖아.
회장
…모두의 덕분이야.
오래 기다리셨습니다. 다음 연극은…
2학년 1반의 〈로미오와 줄리엣〉
짝
짝
짝
짝
짝
짝

SUMMARY

꺄뮤's 포인트

Nego=chan's Point

미래의 리더들에게

짝짝짝짝짝, 브라보! 브라보다뮤!

노도카는 몇 개월 만에 멋지게 리더십을 배운 것 같아. 구체적으론 '친구를 믿고 목표달성을 위해 모두를 아우르는 힘', 그리고 '문제가 생겼을 때 갈등을 두려워하지 않고 대화로 문제를 풀어가는 힘'을 말한다뮤.

리더십은 학급회장이나 동아리 부장처럼 일반적으로 '리더'라고 불리는 사람한테만

까뮤's 포인트

Nego=chan's Point

필요한 게 아니야. 모두가 리더십을 발휘하면 그 팀은 점점 더 강해질 수 있다뮤. 여러 어려움을 딛고 무사히 개막할 수 있었던 건 노도카뿐 아니라 소타, 아오이, 하루토가 각자의 리더십을 발휘한 덕분이다뮤.

리더는 선택받은 사람뿐만 아니라, 누구나 될 수 있어. 여기까지 읽어준 너도 마찬가지다뮤!

넌 어떻게 할래?

THEME

리더가 될 사람은?

어느 회사에 좀처럼 매출 목표를 달성하지 못하는 네 개의 영업팀이 있었다.

저조한 실적으로 사원들이 자신감을 잃어가자 사장은 네 명의 새로운 리더를 뽑아 각 팀을 맡기기로 했다.

A는 높은 성과를 낸 팀원을 크게 표창하고, 팀 전체가 일할 의욕을 가지게 했다.

B는 이전에 성공했던 방법을 팀원들에게 알려주고 함께 분석하며 연구했다.

C는 모범적인 성공사례를 정리해 팀원들이 배우고 따라하도록 시켰다.

D는 팀원 전체와 면담을 하고 한 사람 한 사람의 아이디어에 귀를 기울였다

네 사람 중 누가 가장 리더로 적합할까?

생각해 볼 점

'이상적인 리더상'에 정답은 없습니다. 어떤 리더가 될지는 상황이나 팀원의 개성을 살펴서 자기 나름대로 생각하는 게 좋습니다.

팀원 중에는 성과를 인정받아야 능률이 오르는 사람, 과거의 성공담을 참고하고 싶은 사람, 해결책을 스스로 찾아내고 싶은 사람 등등 모두 제각각입니다. 팀원 한 사람 한 사람의 개성을 살릴 수 있다면 어떤 리더도 성공할 수 있습니다. 단 하나 확실한 건, 리더에겐 '갈등을 두려워하지 않고 대화로 문제를 해결하는 힘'이 반드시 필요하다는 겁니다. 이 점을 이해하지 못한다면 어떤 팀의 리더도 좋은 성과를 내지 못할 겁니다.

에필로그

소타는 주전 선수로 복귀

하루토의 만화는 교내에서 대인기!

아오이는 학생회장으로 바쁘게 지내고 있다.

예전과 똑같은 날들인데 모두 조금씩 달라진 것 같다.

스윽…

요새
그 녀석이
통
안 보여.

그
녀석?
아, 까뮤?
진짜 학교에
안 오네.
별일
없어?

그럼.
아주 잘 있지.
오늘 보러
갈래?
갈래!

나 왔어,
까뮤.

달칵
!

…아쉽지만 이제 헤어질 시간이다뮤.

뭐?!

어째서?!

…

…슬슬 정체를 밝혀볼까.

웃차

슥…

나… 나잖아?!

놀라게 해서 미안.
내가 있던 곳은 다른 세계가 아냐.
미래였어.
미래…?!
난 중2 때 반 연극을 실패했어.
문제가 생겼을 때 아무것도 못 했거든….
그때 했어야 할 것들을 알게 된 건 어른이 되고 나서였지.
그래서 미래의 기술로 과거의 나를 바꾸려고 온 거야.
날 바꾼 다니….
그럼…
맞아. 미래가 바뀌었으니까 지금의 난 곧 사라져.
!!
까… 뮤…!

…부탁이야.
'까뮤'가 알려준 걸 부디 잊지 말아줘.
앞으로 인생을 살다 보면 상상도 못 한 일들이 많이 생길 거야.
그리고 그 일들은 절대 혼자선 이겨낼 수 없어.
서로 다른 입장, 다른 문화, 다른 가치관을 가진 사람들과 힘을 합쳐야 살아갈 수 있어.
그러니 아무리 어려운 상대라도 대화하는 걸 포기하지 마.

…
알았어.
약속
할게!

훗
고마워.

사라
졌다….
꿈을
꾼 것 같아.
꿈치곤
너무
리얼한데.
…꿈.

꿈이
아니야!
우리가
전부
기억할
테니까.

그래.
맞아.

감수자의 말

가족이나 친구와의 시간, 수업, 동아리 활동같이 우리는 하루 동안 많은 사람들과 커뮤니케이션을 하게 됩니다. 직접 얼굴을 마주할 때도 있고 스마트폰으로 의사소통을 할 때도 많죠. 그럴 때마다 가능하면 원만한 커뮤니케이션을 하고 싶을 겁니다. 하지만 친목을 목적으로 하는 '말하기'에 비해, 문제해결을 목적으로 한 '대화'의 경우 순조롭게 흘러가지 않을 때가 많지요.

그런데도 대화 방법을 학교에서 배울 기회는 잘 없습니다. 저도 정부 회의 같은 여러 모임에서 대화의 경험을 쌓아왔지만, 언제나 부담스럽고 어렵기만 합니다. 그래서 여러분은 대화의 기술을 가능한 빠른 시기에 배워놓길 바라는 마음입니다.

전 고등학생이나 대학생, 사회인을 대상으로 한 '교섭학' 책도 집필하고 있습니다. 이 책을 다 읽은 분은 다음 단계로 그 책도 한번 도전해 보세요. 우리는 일생동안 가정에서 비즈니스 현장까지 다양한 곳에서 교섭을 하고 있습니다. '대화'의 연장이 되는 교섭의 기술에 대해 보다 깊이 배우려는 학문이 '교섭학'입니다, 교섭이란, 물건을 파는 쪽과 사는 쪽처럼 서로 다른 입장의 갈등이 '대화'보다 심각해질 때를 전제로 합니다. 그래서 교섭은 보다 높은 수준의 커뮤니케이션 능력이 필요하다고 말할 수 있습니다.

지금 우리는 불안정하고 급변하는 시대를 살고 있습니다. 자신의 생각과 의견을 제대로 전달하고, 남들과 함께 문제해결을 위해 노력하는 힘은 앞으로의 시대를 살아가는 데 큰 무기가 될 겁니다. 물론 자신의 꿈을 이루는 데도 도움이 되고요.

이 책을 통해 그런 커뮤니케이션 능력을 키워나갈 수 있기를 진심으로 바랍니다.

게이오기주쿠대학 명예 교수

다무라 지로

사춘기 교실에서 배우는
똑똑한 대화력

초판 1쇄 인쇄 2025년 2월 13일
초판 1쇄 발행 2025년 2월 20일

감수자 | 다무라 지로
옮긴이 | 권이강
장화 · 만화 | 구리타 유키
일러스트 | 와카타 사키

발행인 | 박재호
주간 | 김선경
편집팀 | 강혜진, 허지희
마케팅팀 | 김용범

디자인 | 형태와내용사이
종이 | 세종페이퍼
인쇄 · 제본 | 한영문화사

발행처 | 생각학교
출판신고 | 제25100-2011-000321호
주소 | 서울시 마포구 양화로 156(동교동) LG 팰리스 814호
전화 | 02-334-7932 팩스 | 02-334-7933
전자우편 | 3347932@gmail.com

ISBN 979-11-93811-35-1 (43190)